KB090481

日本語 製菓を 実務 中心に お菓子 作りを 理解
製菓の 技術 実技 取得 ための 明確な 日本語 整理

にほんご
日本語
製菓 実務会話

일본어 제과 실무 회화

신길만·신 솔 공저

B (주)백산출판사

 **머리말**

　21세기에 접어들며 경제의 고도성장과 생활 수준의 향상으로 과자와 디저트에 관한 관심이 높아지고 있습니다. 과자는 부드러운 무스와 카스테라에서 딱딱한 파이나 쿠키에 이르기까지 다양한 품목으로 구성되어 있습니다. 이 책은 일본으로 제과기술 연수나 제과 분야로 일본 취업, 제품개발을 위하여 과자를 만드는 기술을 습득하기 위해 노력하는 분들을 위하여 전문 일본어로 내용을 엮었습니다.

　저자가 오랫동안을 제과를 연구하며 학생들을 지도하면서 현장에서 터득한 여러 가지 제과 원리와 제과 기능 습득에 필요한 명확한 이론과 과학적인 생각을 정립할 수 있었으면 하는 생각에서 일본어로 정리하였습니다.

　과자 만들기는 과학적인 지식과 기초가 중요합니다. 과자의 종류와 분류, 재료들의 특성과 가공 방법, 반죽의 믹싱, 혼합과 휴지, 굽기와 마무리, 데커레이션에 이르기까지 정성이 필요하고 위생적이며 과학적인 관리가 필요합니다.

　과자 만들기의 명확한 기초이론을 터득하고 습득하는 것은 제과 기술을 취득하고, 제과의 여러 가지 제품의 실습 완성에 꼭 필요합니다. 따라서 과자 만들기의 기본에서 응용에 이르기까지 기술을 습득할 수 있도록 편성하였습니다.

　과자 만들기를 위한 반죽의 이해와 만드는 법을 자세하고 세밀하게 설명하였으며, 제법의 과학적인 방법을 이해할 수 있도록 이론으로 정리하였습니다.

　과자 만들기의 역사, 제조과정과 유의할 점, 제품 항목들도 설명하였으며, 만드는 순서를 이해하기 위하여 각각의 과정별 중요사항을 이해할 수 있도록 자세하게 서술하려고 하였습니다. 본 서적을 통하여 제과 기술의 과학적인 사고로 기술을 취득하고 여러 신제품의 개발 방법과 과학적인 원리를 터득하여 다양한 제품을 만드는 기술을 습득할 수 있기를 바랍니다.

본 서적의 구성은 제1과 과자의 역사는 무엇입니까? 제2과 과자의 분류는 무엇이 있습니까? 제3과 과자를 만드는 기계 도구의 종류는 무엇이 있습니까? 제4과 과자를 만드는 재료는 무엇이 있습니까? 제5과 스펀지케이크의 반죽은 무엇입니까? 제6과 롤케이크는 무엇입니까? 제7과 카스테라는 무엇입니까? 제8과 버터케이크(Butter cake)는 무엇입니끼? 제4과 쿠키(비스킷) 반죽(영 · Sponge, 프 · Biscuit, 녹 · Biskuit)은 무엇입니까? 제9과 버터케이크의 종류는 무엇이 있습니까? 제10과 쿠키는 무엇입니까? 제11과 슈(프 · Pate a Chou, 영 · Cream)는 무엇입니까? 제12과 파이 반죽(접는 반죽, 퓨타쥬, Feuilletage)은 무엇입니까? 제13과 타르트(Tarte)는 무엇입니까? 제14과 푸딩(Pudding)이란 무엇입니까? 제15과 앙트르메(프 · entremets)는 무엇입니까? 제16과 크림류는 무엇이 있습니까? 제17과 기타 크림류는 무엇이 있습니까? 제18과 설탕 과자는 무엇입니까? 제19과 발효 반죽은 무엇입니까? 제20과 공예과자(장식과자)는 무엇입니까? 제21과 얼음과자는 무엇입니까?의 총 21장으로 제과 이론을 정리하여 편성하였습니다.

끝으로 본 서적출판에 도움을 주신 김포대학교 전홍건 이사장님, 박진영 총장님, 김포대학교의 여러 교수님, 교직원 여러분께 진심으로 감사를 드립니다.

본 서적을 출판해 주신 백산출판사 진욱상 대표님과 김호철 편집부장님과 직원 여러분께도 감사를 드립니다.

2021년 6월
저자 일동

目次

ひらがな(히라가나)
カタカナ(가타카나)

ひらかな 히라가나

あ 아(a)行	あ 아(a)	い 이(i)	う 우(u)	え 에(e)	お 오(o)
か 카(ka)行	か 카(ka)	き 키(ki)	く 쿠(ku)	け 케(ke)	こ 코(ko)
さ 사(sa)行	さ 사(sa)	し 시(shi)	す 스(su)	せ 세(se)	そ 소(so)
た 타(ta)行	た 타(ta)	ち 치(thi)	つ 쯔(thu)	て 테(te)	と 토(to)
な 나(na)行	な 나(na)	に 니(ni)	ぬ 누(nu)	ね 네(ne)	の 노(no)
は 하(ha)行	は 하(ha)	ひ 히(hi)	ふ 후(hu)	へ 헤(he)	ほ 호(ho)
ま 마(ma)行	ま 마(ma)	み 미(mi)	む 루(mu)	め 메(me)	も 모(mo)
ら 라(ra)行	ら 라(ra)	り 리(ri)	る 루(ru)	れ 레(re)	ろ 로(ro)
や 야(ya)行	や 야(ya)		ゆ 유(yu)		よ 요(yo)
わ 와(wa)行	わ 와(wa)		を 오(o)		ん 은, 응(n)

カタかな 가타카나

ア	ア	イ	ウ	エ	オ
아(a)行	아(a)	이(i)	우(u)	에(e)	오(o)
カ	カ	キ	ク	ケ	コ
가(ka)行	카(ka)	키(ki)	쿠(ku)	케(ke)	코(ko)
サ	サ	シ	ス	セ	ソ
사(sa)行	사(sa)	시(shi)	스(su)	세(se)	소(so)
タ	タ	チ	ツ	テ	ト
타(ta)行	타(ta)	치(thi)	쯔(thu)	테(te)	토(to)
ナ	ナ	ニ	ヌ	ネ	ノ
나(na)行	나(na)	니(ni)	누(nu)	네(ne)	노(no)
ハ	ハ	ヒ	フ	ヘ	ホ
하(ha)行	하(ha)	히(hi)	후(hu)	헤(he)	호(ho)
マ	マ	ミ	ム	メ	モ
마(ma)行	마(ma)	미(mi)	무(mu)	메(me)	모(mo)
ラ	ラ	リ	ル	レ	ロ
라(ra)行	라(ra)	리(ri)	루(ru)	레(re)	로(ro)
ヤ	ヤ		ユ		ヨ
야(ya)行	야(ya)		유(yu)		요(yo)
ワ	ワ		オ		ン
와(wa)行	와(wa)		오(υ)		은, 응(n)

탁음, 반탁음 ひらかな 히라가나 が行~ぱ行

が 가(ga)行	が 가(ga)	ぎ 기(gi)	ぐ 구(gu)	げ 게(ge)	ご 고(go)
ざ 자(ja)行	ざ 자(ja)	じ 지(zi)	ず 즈(zu)	ぜ 제(ze)	ぞ 조(zo)
だ 다(da)行	だ 다(da)	ぢ 지(ji)	づ 즈(ju)	で 데(de)	ど 도(do)
ば 바(ba)行	ば 바(ba)	び 비(bi)	ぶ 부(bu)	べ 베(be)	ぼ 보(bo)
ぱ 파(pa)行	ぱ 파(pa)	ぴ 피(pi)	ぺ 푸(pu)	ぽ 페(pe)	ぽ 포(po)

탁음, 반탁음 カタかな 가타카나 ガ行~パ行

ガ	ガ	ギ	グ	ゲ	ゴ
가(ga)	가(ga)	기(gi)	구(gu)	게(ge)	고(go)
ザ	ザ	ジ	ズ	ゼ	ゾ
자(ja)	자(ja)	지(zi)	즈(zu)	제(ze)	조(zo)
ダ	ダ	ヂ	ヅ	デ	ド
다(da)	다(da)	지(ji)	즈(ju)	데(de)	도(do)
バ	バ	ビ	ブ	ベ	ボ
바(ba)	바(ba)	비(bi)	부(bu)	베(be)	보(bo)
パ	パ	ピ	プ	ペ	ポ
파(pa)	파(pa)	피(pi)	푸(pu)	페(pe)	포(po)

요음 きゃ行~らゃ行、ぎゃ行~びゃ行、ぴゃ行

きゃ	キャ	きゃ	キャ	きゅ	キュ	きょ	キョ
캬(gya)行		캬(gya)		큐(gyu)		쿄(gyo)	
ぎゃ	ギャ	ぎゃ	ギャ	ぎゅ	ギュ	ぎょ	ギョ
갸(gya)行		갸(gya)		규(gyu)		교(gyo)	
しゃ	シャ	しゃ	シャ	しゅ	シュ	しょ	ショ
샤(sya)行		샤(sya)		슈(syu)		쇼(syo)	
じゃ	ジャ	じゃ	ジャ	じゅ	ジュ	じょ	ジョ
지(sya)行		쟈(zya)		쥬(zyu)		죠(zyo)	
ちゃ	チャ	ちゃ	チャ	ちゅ	チュ	ちょ	チョ
댜(zya)行		댜(zya)		지(zyu)		즈(zyo)	
にゃ	ニャ	にゃ	ニャ	にゅ	ニュ	にょ	ニョ
냐(nya)行		냐(nya)		뉴(nyu)		뇨(nyo)	

ひゃ	ヒャ	ひゃ	ヒャ	ひゅ	ヒュ	ひょ	ヒョ
햐(hya)行		햐(hya)		휴(hyu)		효(hyo)	
びゃ	ビャ	びゃ	ビャ	びゅ	ビュ	びょ	ビョ
뱌(hya)行		뱌(hya)		뷰(hyu)		뵤(hyo)	
ぴゃ	ピャ	ぴゃ	ピャ	ぴゅ	ピュ	ぴょ	ピョ
퍄(hya)行		퍄(hya)		퓨(hyu)		표(hyo)	
みゃ	ミャ	みゃ	ミャ	みゅ	ミュ	みょ	ミョ
먀(mya)行		먀(mya)		뮤(myu)		묘(myo)	
りゃ	リャ	りゃ	リャ	りゅ	リュ	りょ	リョ
랴(rya)行		랴(rya)		류(ryu)		료(ryo)	

第1課
だい か

お菓子は 何ですか?
かし　　　　なん

오카시와 난데스카?

과자는 무엇입니까?

第1課

だい か

お菓子は 何ですか？
かし　なん

오카시와 난데스카?

과자는 무엇입니까?

01. お菓子は 何ですか？
かし　　なん

오카시와 난데스카?

과자는 무엇입니까?

はい、菓子は 好みの 満足を 目的に 形が あり、そのまま 食べる
かし　　このみ　　まんぞく　　もくてき　　かたち　　　　　　　　　　　　　た

ように 製造した 物です。
　　　　せいぞう　　もの

하이, 카시와 코노미노 만조쿠오 모쿠테키니 카타치가 아리, 소노마마 타베루 요우니 세이죠우시다 모노데스.

네, 과자는 기호의 만족을 목적으로 형태가 있고, 그대로 먹도록 제조한 것입니다.

02. お菓子の 条件は 何が ありますか？
かし　　じょうけん　　なに

오카시노 죠우겐와 나니가 아리마스카?

과자의 조건은 무엇이 있습니까?

はい、お菓子は 美的、味覚的、衛生的、栄養的に 優れている
かし　　びてき　みかくてき　えいせいてき　えいようてき　　すぐ

条件が あります。
じょうけん

하이, 오카시와 비테키, 미카쿠테키, 에이세이테키, 에이요우테키니 스구레테이루 죠우켄가 아리마스.

네, 과자의 조건은 미적, 미각적, 위생적, 영양적으로 우수한 조건이 있습니다.

お菓子の 条件
오카시노 죠우켄

과자의 조건

美的	味覚的	衛生的	栄養的
비테키	미카쿠테키	에이세이테키	에이요우테키
미적	미각적	위생적	영양적

03. お菓子の 意義は 何ですか？

오카시노 이기와 난데스카?

과자의 의의는 무엇입니까?

はい、お菓子の 意義は 栄養補給、疲労回復、気分転換、団欒な
時間、和気 あいあいな 雰囲気を 作ります。

하이, 오카시노 이기와 에이요우 호큐우, 히로우 카이후쿠, 키분 텐칸, 단란나 지칸, 와키 아이아이나 훈이
키오 쯔쿠리마스.

네, 과자의 의의는 영양 보급, 피로회복, 기분전환, 단란한 시간, 화기애애한 분위기를
만듭니다.

04. いい 菓子の 条件は 何が ありますか?

이이 카시노 죠우켄와 나니가 아리마스카?

좋은 과자의 조건은 무엇이 있습니까?

はい、いい 菓子の 条件は いい 食材 選び、製品開発、誠意と
努力、衛生管理が あります。

하이, 이이 카시노 죠우켄와 이이 쇼쿠자이 에라비, 세이힝카이하쯔, 세이이토 도료쿠, 에이세이 칸리가 아
리마스.

네, 좋은 과자의 조건은 좋은 재료 선택, 제품개발, 정성과 노력, 위생관리가 있습니다.

いい お菓子の 条件

이이 오카시노 죠우켄

좋은 과자의 조건

食材 選び	製品開発	誠意と 努力	衛生管理
쇼쿠자이 에라비	세이힝 카이하쯔	세이이토 도료쿠	에이세이 칸리
식재 선택	제품개발	성의와 노력	위생관리

05. お菓子は 生活に 何を くれますか？

오카시와 세이카쯔니 나니오 쿠레마스카？

과자는 생활에 무엇을 줍니까？

はい、菓子は 生活に 夢や 楽しさ、文化の 多様化を 与えて くれます。

하이, 카시와 세이카쯔니 유메야 타노시사, 분카노 타요우카오 아타에테 쿠레마스.

네, 과자는 생활에 꿈과 즐거움, 문화의 다양화를 줍니다.

06. お菓子 作りは 何が ありますか？

오카시 쯔쿠리와 나니가 아리마스카？

과자 만들기는 무엇이 있습니까？

はい、菓子 作りは 材料配合や 混合、形づくり、好みや 実用、衛生的、栄養的な 価値を 高める ことです。

하이, 카시 쯔쿠리와 자이료우노 하이고우야 콘고우, 카타치쯔쿠리, 코노미야 지쯔요우, 에이세이테키, 에이요우테키나 카치오 타카메루 코토데스.

네, 과자 만들기는 재료 배합과 혼합, 모양 만들기, 기호와 실용, 위생적, 영양적인 가치를 높이는 것입니다.

お菓子 作り
오카시 쯔쿠리

과자 만들기

材料配合や 混合	形 づくり	好みや 実用	衛生的	栄養的な 価値を 高め
자이료우 하이고우야 콘고우	카타치 쯔쿠리	코노미야 지쯔요우	에이세이테키	에이요우테키나 카치오 타카메
재료 배합과 혼합	모양 만들기	기호와 실용	위생적	영양적인 가치를 높임

07. お菓子屋の 四つの 要素は 何が ありますか?
오카시야노 욧쯔노 요우소와 나니가 아리마스카?

과자점의 4가지 요소는 무엇이 있습니까?

はい、菓子店の 四つの 要素は 人、場所、店舗設備、材料と 製造 技術が あります。
하이, 카시텐노 욧쯔노 요우소와 히토, 바쇼, 텐포 세쯔비, 자이료우토 세이조우 기쥬쯔가 아리마스.

네, 과자점의 4가지 요소는 사람, 장소, 점포 설비, 재료와 제조 기술이 있습니다.

菓子店の 四つの 要素
카시텐노 욧쯔노 요우소

과자점의 4가지 요소

人	場所	店舗設備	材料と 製造 技術
히토	바쇼	텐포세쯔비	자이료우토 세이조우 기쥬쯔
사람	장소	점포 설비	재료와 제조 기술

08. お菓子の 衛生管理は 何が ありますか?
오카시노 에이세이 칸리와 나니가 아리마스카?

과자의 위생관리는 무엇이 있습니까?

はい、お菓子の 衛生管理は 材料の 点検、保管 場所、異物混入
防止、製品の保管と 包装、作業場の 清潔、個人衛生があります。

하이, 오카시노 에이세이 칸리와 자이료우노 텐켄, 호칸 바쇼, 이부쯔콘뉴우 보우시, 세이힝노 호칸토 호우소, 사교우죠우노 세이케쯔, 코진에이세이가 아리마스.

네, 과자의 위생관리는 재료의 점검, 보관 장소, 이물질 혼입 방지, 제품의 보관과 포장, 작업장의 청결, 개인위생이 있습니다.

09. お菓子の 起源は 何ですか?

오카시노 키겐와 난데스카?

과자의 기원은 무엇입니까?

はい、お菓子の 起源は 小麦粉の 生地に 牛乳、蜂蜜を 加えて 油を 塗り、
紀元前 3,000年 頃 エジプト 時代に 作られてます。

하이, 오카시노 키겐와 코무기코노 키지니 규우뉴우, 하치미쯔오 쿠와에테 아부라오 누리, 키겐젠 산젠넨 고로 에지푸토 지다이니 쯔쿠라레테마스.

네, 과자의 기원은 밀가루 반죽에 과실, 우유, 꿀을 넣고 기름을 칠하여 기원전 3,000년 경 이집트 시대에 만들었습니다.

10 東洋 菓子の 起源は 何ですか?

토우요우 카시노 키겐와 난데스카?

동양 과자의 기원은 무엇입니까?

はい、東洋 菓子の 起源は 中国で ナツメの 実を 入れて 作られた 物で、
漢字で「菓子」とは 天然の「果実」の 偽果物と いう 意味が あります。

하이, 토우요우 카시노 키겐와 쥬우고쿠데 나쯔메노 미오 이레테 쯔쿠라레타 모노데, 칸지데 오카시 토와 텐넨노 카지쯔노 니세쿠다모노토 이우 이미가 아리마스.

네, 동양 과자의 기원은 중국에서 대추의 열매를 넣어 만든 것으로 한자로 "菓子(과자)"는 천연의 과실 "果実(과실)"의 가짜 과일이라는 뜻이 있습니다.

11. 世界の お菓子は どの ように 発達 しましたか?

세카이노 오카시와 도노 요오니 핫타쯔 시마시타카?

세계 과자는 어떻게 발달하였습니까?

はい、世界の　お菓子の　発達は　エジプト時代→　ギリシャ時代→　ローマ
時代→　中世時代→　ルネサンス時代→　フランス王朝　時代→　近代時代→
現代時代と　発展して　きました。

하이, 세카이노 오카시노 핫타쯔와 에지푸토지다이→ 기리샤지다이→ 로-마지다이 → 쥬우세이 지다이 →
루네상스지다이→ 후란스 오우죠우지다이→ 킨다이지다이→ 겐다이지다이토 핫텐시테 키마시타.

네, 세계 과자의 발달은 이집트 시대→ 그리스 시대→ 로마 시대→ 중세 시대 → 르네
상스 시대→ 프랑스 왕조 시대→ 근대 시대→ 현대 시대로 발전해왔습니다.

世界　菓子の　発達

세카이 카시노 핫타쯔

세계 과자의 발달

エジプト時代	ギリシャ時代	ローマ時代	中世時代
에지푸토지다이	기리샤지다이	로-마지다이	쥬우세이 지다이
이집트 시대	그리스 시대	로마 시대	중세 시대
ルネサンス時代	フランス　王朝　時代	近代時代	現代時代
루네산스지다이	후란스 오우죠우지다이	킨다이지다이	겐다이지다이
르네상스 시대	프랑스 왕조 시대	근대 시대	현대 시대

12. エジプト時代の　お菓子は　どう　やって　作られたんですか？

에지푸토지다이노 오카시와 도우얏테 쯔쿠라레타데스카？

이집트 시대의 과자는 어떻게 만들어졌습니까？

はい、エジプト時代に　小麦粉で　出来た　パン生地に　フルーツを　入れて
出来ました。

하이, 에지푸토지다이니 코무기코데 데키타 팡키지니 후루-쯔오 이레테 데키마시타.

네, 이집트 시대에 밀가루로 만든 빵 반죽에 과일을 넣어 생겨났습니다.

13. ギリシャ時代の 発達は 何ですか?

기리샤지다이노 핫타쯔와 난데스카?

그리스 시대의 발달은 무엇입니까?

はい、ギリシャは パンの 焼き 技術の 伝来、砂糖が 流入して いろいろな お菓子を 作る ように なりました。

하이, 기리샤지다이와 팡노 야키 기쥬쯔노 덴라이, 사토우가 류우뉴우시테 이로이로나 오카시오 쯔쿠루요우니 나리마시타.

네, 그리스 시대는 빵 굽는 기술 전래, 설탕이 유입으로 여러 가지 과자를 만들게 되었습니다.

14. 中世時代の 発達は 何ですか？

쥬우세이지다이노 핫타쯔와 난데스카?

중세 시대의 발달은 무엇입니까?

はい、中世時代は キリスト教の 伝播に より 伝道用、祭祀用の お菓子が 修道院で 作られて ました。

하이, 쥬우세이 지다이와 키리스토쿄우노 덴파니 요리 덴도우요우, 사이시요우노 오카시가 슈우도우인데 쯔쿠라레테 마시타.

네, 중세 시대는 그리스도교 전파에 따라 전도용, 제사용 과자가 수도원에서 만들어졌습니다.

15. ルネサンス 時代の 発達は 何ですか?

루네산스 지다이노 핫타쯔와 난데스카?

르네상스 시대의 발달은 무엇입니까?

はい、ルネッサンス時代は コーヒー、カカオ、スパイスなど新材料の 流入に より お菓子が 発達しました。

하이, 루넷산스 지다이와 코-히-, 카카오, 스파이스나도 신자이료우노 류우뉴우니 요리 오카시가 핫타쯔시마시타.

네, 르네상스 시대는 커피, 카카오, 향신료 등 새로운 재료의 유입으로 과자가 발달되었습니다.

16. フランス 王朝 時代の 発達は 何ですか?

후란스 오우죠우 지다이노 핫타쯔와 난데스카?

프랑스 왕조 시대의 발달은 무엇입니까?

はい、フランス 王朝時代は コーヒー、カカオ、スパイスの 伝来で 発達しました。

하이, 후란스 오우죠우 지다이와 코-히-, 카카오, 스파이스노 덴라이데 핫타쯔시마시다.

네, 프랑스 왕조 시대는 커피, 카카오, 향신료의 전래로 발달했습니다.

17. 近代~ 現代時代の 発達は 何ですか?

킨다이~겐다이지다이노 핫타쯔와 난데스카?

근대~현대 시대의 발달은 무엇입니까?

はい、貴族の お菓子から 庶民の お菓子へと 変化して いました。

하이, 키조쿠노 오카시카라 쇼민노 오카시에토 헨카시테 이마시타.

네, 귀족 과자에서 서민의 과자로 변화였습니다.

第<ruby>2<rt></rt></ruby>課<ruby>か<rt></rt></ruby>

お菓子の 分類は 何が ありますか?

오카시노 분루이와 나니가 아리마스카?

과자의 분류는 무엇이 있습니까?

第2課

お菓子の 分類は 何が ありますか?
오카시노 분루이와 나니가 아리마스카?

과자의 분류는 무엇이 있습니까?

01. お菓子の 分類は 何が ありますか?
오카시노 분루이와 나니가 아리마스카?

과자의 분류는 무엇이 있습니까?

はい、菓子の 分類は 生地と 水分 含有量に よって 分けられます。
하이, 카시노 분루이와 키지토 스이분 간유우료우니 욧테 와케라레마스.

네, 과자의 분류는 반죽과 수분함량에 의해 나뉩니다.

02. 製造 方法に よる 種類は 何が ありますか?
세이조우 호우호우니 요루 슈루이와 나니가 아리마스카?

제조 방법에 의한 종류는 무엇이 있습니까?

はい、製造 方法に よる 種類は 焼き菓子、砂糖 菓子、冷菓子の
3種類が あります。
하이, 세이조우 호우호우니 요루 슈루이와 야키 카시, 사토우 카시, 레이카시노 산슈루이가 아리마스.

네, 제조 방법에 의한 종류는 구움과자, 설탕 과자, 냉과자의 3가지가 있습니다.

製造 方法による 種類
<ruby>製造<rt>せいぞう</rt></ruby> <ruby>方法<rt>ほうほう</rt></ruby>による <ruby>種類<rt>しゅるい</rt></ruby>

세이조우 호우호우니 요루 슈루이

제조 방법에 의한 종류

焼き菓子 야키 카시 구움과자	砂糖 菓子 사토우 카시 설탕과자	冷菓子 레이카시 냉과자

03. 焼き菓子(パティシエ、patisserie)は 何ですか?

야키 카시(파티시에)와 난데스카?

구움과자((파티시에, patisserie)는 무엇입니까?

はい、焼き菓子は "オーブンで 焼き菓子"の 総称です。

하이, 야키 카시와 "오-분데 야키 카시"노 소우쇼우데스.

네, 구움과자는 "오븐에서 굽는 과자"의 총칭입니다.

04. 焼き菓子の 種類は 何が ありますか?

야키 카시노 슈루이와 나니가 아리마스카?

구움과자의 종류는 무엇이 있습니까?

はい、焼き菓子の 種類は スポンジケーキ、バターケーキ、シュー、タルト、
パイ、メレンゲ、ワッフル、発酵菓子が あります。

하이, 야키 카시노 슈루이와 스폰지케-키, 바타-케-키, 슈-, 타루토, 파이, 메렌게, 왓후루, 핫코우 카시가
아리마스.

**네, 구움과자의 종류는 스펀지케이크, 버터케이크, 슈, 타르트, 파이, 머랭, 와플, 발효
과자가 있습니다.**

焼き菓子の 種類
야키 카시노 슈루이

구움 과자의 종류

スポンジケーキ 스폰지케-키 스펀지케이크	バターケーキ 바타-케-키 버터케이크	シュー 슈- 슈	タルト 타루토 타르트
パイ 파이 파이	メレンゲ 메렌게 머랭	ワッフル 왓후루 와플	発酵菓子 핫코우 카시 발효 과자

05. 砂糖 菓子(コンフィスリー、confiserie)は 何ですか?
사토우 카시와 난데스카?

설탕 과자(콘피스리, confiserie)는 무엇입니까?

はい、砂糖 菓子は 砂糖、砂糖漬け または シロップで 煮て 加工 した お菓子です。
하이, 사토우 카시와 사토우, 사토우쯔케 마타와 시롯푸데 니테 카코우시타 오카시데스.

네, 설탕 과자는 설탕, 설탕에 절이거나 시럽으로 끓여 가공한 과자입니다.

06. 砂糖 菓子の 種類は 何が ありますか?
사토우 카시노 슈루이와 나니가 아리마스카?

설탕 과자의 종류는 무엇이 있습니까?

はい、砂糖 菓子の 種類は キャンディー、チョコレート、ゼリーが あります。
하이, 사토우 카시노 슈루이와 캰디-, 초코레-토, 제리-가 아리마스.

네, 설탕 과자의 종류는 사탕, 캔디, 초콜릿, 젤리가 있습니다.

砂糖 菓子の 種類
사토우 카시노 슈루이

설탕 과자의 종류

キャンディー 캰디-	チョコレート 초코레-토	ゼリー 제리-	キャラメル 갸라메루
사탕	초콜릿	젤리	캐러멜

07. 冷菓子(グラス、glace)は 何ですか?
레이 카시와 난데스카?

냉과자(글라스, glace)는 무엇입니까?

はい、冷菓子は 氷から 派生した 言葉で "冷たい 菓子"です。
하이, 레이 카시와 코오리카라 하세이시타 코토바데 "쯔메타이 카시"데스.

네, 냉과자는 얼음에서 파생된 말로 "차가운 과자"입니다.

08. 冷菓子の 種類は 何が ありますか?
레이카시노 슈루이와 나니가 아리마스카?

냉과자의 종류는 무엇이 있습니까?

はい、冷菓子の 種類は 氷、アイスクリーム、シャーベット、ムースが あります。
하이, 레이카시노 슈루이와 코오리, 아이스쿠리-무, 샤-벳토, 무-스가 아리마스.

네, 냉과자의 종류는 얼음, 아이스크림, 셔벗, 무스가 있습니다.

冷菓子の 種類
레이카시노 슈루이

냉과자의 종류

氷菓子 코오리 카시	アイスクリーム 아이스쿠리-무	シャーベット 샤-벳토	ムース 무-스
얼음과자	초콜릿	셔벗	무스

菓子の 分類 카시노 분루이 **과자 분류**	生地の 区分 키지노 쿠분 **반죽 구분**	菓子の 種類 카시노 슈루이 **과자의 종류**
I. 焼き菓子 야키 카시 **구움과자** パティシエ 파티시에 patisserie	スポンジケーキ類 스폰지케-키루이 **스펀지케이크류**	誕生日ケーキ、ロールケーキ、カステラ 탄죠우비 케-키, 로-루케-키, 카스테라- **생일케이크, 롤케이크, 카스테라**
	バターケーキ類 바타-케-키루이 **버터케이크류**	パウンドケーキ、フルーツケーキ、マフィン 파운도케-키, 후루-츠케-키, 마휜 **파운드케이크, 과일케이크, 머핀**
	シュ類 슈루이 **슈류**	シュ ア ラ クリム、エクレア、シャントノーレン 슈 아 라 쿠리무, 에쿠레아, 샨토노-렌 **슈 아 라 크림, 에클레어, 샹토노렌**
	発酵 菓子類 핫코우 가시루이 **발효 과자류**	ブリオッシュ、サバレン、デニッシュペーストリー 부리옷슈, 사바렌, 데닛슈페-스토리- **브리오슈, 사바랭, 데니쉬페이스트리**
	パイ類 파이루이 **파이류**	リンゴパイ、クルミパイ、ミルフィーユ 린고파이, 쿠루미파이, 미루휘-유 **사과 파이, 호두 파이, 밀피유**
	タルト類 타루토루이 **타르트류**	フルーツタルト、クルミのタルト、タルトレット 후루-쯔타루토, 쿠루미노 타루토, 타루토렛토 **과일 타르트, 호두 타르트, 타르트 렛트**
	ワッフル 왓후루 **와플류**	ワッフル 왓후루 **와플**
II. 砂糖菓子 사토우 카시 **설탕 과자** (confiserie)	チョコレート類 초코레-토루이 **초콜릿류**	チョコレート、チョコレート加工品 초코레-토, 초코레-토 카코우힝 **초콜릿, 초콜릿 가공품**
	砂糖 사토우 **사탕**	キャンディー、飴、キャラメル、ドロップス、フォンダン 캰디- 아메, 캬라메루, 도롯푸스, 혼당 **사탕, 엿, 캐러멜, 드롭프스, 펀던트**
	果物の 漬物 쿠다모노노 쯔케모노 **과일 절임**	砂糖漬けの 果物類 사토우 쯔케노 쿠다모노루이 **설탕에 절인 과일류**
	ゼリー類 제리-루이 **젤리류**	砂糖の 入った ゼリー類 사토우노 하잇타 제리-루이 **설탕이 들어간 젤리류**

菓子の 分類 카시노 분루이 과자 분류	生地の 区分 키지노 쿠분 반죽 구분	菓子の 種類 카시노 슈루이 과자의 종류
III. 冷菓子 레이카시 냉과자 (glace)	アイスクリーム類 아이스크리-무 루이 아이스크림류	バニラ、チョコレート、フルーツアイスクリームシャーベット類 바니라, 초코레-토, 후루-츠아이스쿠리-무, 샤-벳토루이 바닐라, 초콜릿, 과일 아이스크림
	シャーベット類 샤-벳토루이 셔벗류	レモンシャーベット、ラズベリーシャーベット酒シャーベット 레몬샤-벳토, 라즈베리- 샤-벳토, 사케샤-벳토 레몬셔벗, 산딸기셔벗, 술셔벗
	ムース類 무-스루이 무스류	イチゴムース、フルーツムース、チョコレートムース 이치고무-스, 후루-쯔무-스, 초코레-토무-스 딸기 무스, 과일 무스, 초콜릿 무스
	プリン類 푸린루이 푸딩류	冷たいプリン、温かいプリン 쯔메타이 푸린, 아타타카이 푸린 차가운 푸딩, 따뜻한 푸딩
	ババロア類 바바로아루이 바바루아	ババロア 바바로아 바바루아

09. 水分 含有量に よる お菓子の 分類は どう なりますか？

스이분 간유우료우니 요루 오카시노 분루이와 도우 나리마스카?

수분함량에 따른 과자의 분류는 어떻게 됩니까?

はい、水分 含有量に よる お菓子の 分類は 生菓子、半生菓子、乾燥菓子の 3つに 分けます。

하이, 스이분 간유우료우니 요루 오카시노 분루이와 나마카시, 한나마카시, 칸소우카시노 밋쯔니 와케마스.

네, 수분함량에 따른 과자의 분류는 생과자, 반생 과자, 건조 과자 3가지로 나눕니다.

水分 含有量に よる お菓子
스이분 간유우료우니 요루 오카시

수분함량에 따른 과자

生菓子 나마카시	半生菓子 한나카마시	乾燥菓子 칸소우카시
생과자	반생과자	건조과자

10. お菓子 作りの 重要 事項は 何が ありますか?
오카시 쯔쿠리노 쥬우요우 지코우와 나니가 아리마스카?

과자 만들기의 중요사항은 무엇이 있습니까?

はい、お菓子 作りの 重要 事項は 材料計量、材料 混ぜ、生地の 伸ばし、焼き、デコレーション、包装、販売が あります。
하이, 오카시 쯔쿠리노 쥬우요우 지코우와 자이료우케이료우, 자이료우 마제, 키지노 노바시, 야키, 데코레-숀, 호우소우, 한바이가 아리마스.

네, 과자 만들기의 중요사항은 재료 계량, 재료 섞기, 반죽 늘리기, 굽기, 데커레이션, 포장, 판매가 있습니다.

お菓子 作りの 重要 事項
오카시 쯔쿠리노 쥬우요우 지코우

과자 만들기의 중요사항

材料 計量 자이료우 케이료우	材料 混ぜ 자이료우 마제	生地 伸ばし 키지 노바시	焼き 야키
재료 계량	재료 섞기	반죽 늘리기	굽기
デコレーション 데코레-숀	包装 호우소우	販売 한바이	衛生管理 에이세이칸리
데커레이션	포장	판매	위생관리

11. 材料の 計量は 何ですか?
자이료우노 케이료우와 난데스카?
재료의 계량은 무엇입니까?

はい、材料計量は 材料の 分量を 秤、計量スプーン、カップを
使って 正確に 計ります。
하이, 자이료우 케이료우와 자이료우노 분료우오 하카리, 케이료우스-푼, 캇푸오 쯔캇테 세이카쿠니 하카리마스.
네, 재료계량은 재료의 분량을 저울, 계량스푼, 컵을 사용하여 정확히 잽니다.

12. 材料の 混ぜは 何ですか?
자이료우노 마제와 난데스카?
재료 섞기는 무엇입니까?

はい、材料を 混ぜは 篩、ゴムべら、木べら、カードを 使って、
お菓子の 食感、形を 左右します。
하이, 자이료우오 마제와 후루이, 고무베라, 키베라, 카-도오 쯔캇테, 오카시노 쇼칸, 카타치오 사유우시마스.
네, 재료를 섞기는 체, 고무 주걱, 나무 주걱, 카드를 사용하며, 과자의 식감, 모양을 좌우합니다.

13. ミキシングは 何ですか?
미키싱구와 난데스카?
믹싱은 무엇입니까?

はい、ミキシングは ミキサーで 材料を 混ぜ合わせ、時間、順番が 生地を
決めます。
하이, 미키싱구와 미키사-데 자이료우오 마제아와세, 지칸, 쥰방가 키지오 키메마스.
네, 믹싱은 믹서기로 재료를 혼합하며 시간, 순서가 반죽을 정합니다.

14. 生地の 伸ばしは 何ですか?
키지노 노바시와 난데스카?
반죽의 늘리기는 무엇입니까?

はい、生地の 伸ばしは パイローラ、麺棒、カード、スパチュラの 道具を 使って、生地の 形を 作る ことです。

하이, 키지노 노바시와 파이로-라, 멘보우, 카-도, 스파츄라노 도우구오 쯔캇테 키지노 카타치오 쯔쿠루 코토데스.

네, 반죽 늘리기는 파이 롤러, 밀대, 카드, 스패츌러의 도구를 사용하여 반죽의 모양을 만드는 것입니다.

15. 焼きは 何ですか?

야키와 난데스카?

굽기는 무엇입니까?

はい、焼きは オーブン、型を 使い、焼き時間、焼き温度が 大切です。

하이, 야키와 오-분, 카타오 쯔카이, 야키지칸, 야키온도가 타이세쯔데스.

네, 굽기는 오븐, 틀을 사용하며 굽는 시간, 굽기 온도가 중요합니다.

16. デコレーションは 何ですか?

데코레-숀와 난데스카?

데커레이션은 무엇입니까?

はい、デコレーションは 絞り袋、絞り口金、パレットナイフを 使って、お菓子の 形を きれいに する ことです。

하이, 데코레-숀와 시보리부쿠로, 시보리쿠치가네, 파렛토나이후오 쯔캇테, 오카시노 카타치오 키레이니 스루 코토데스.

네, 데커레이션은 짤 주머니, 짤 깍지, 팔레트나이프를 사용하여 과자의 모양을 예쁘게 만드는 것입니다.

17. 製品の パッケージは 何ですか?

세이힝노 팟케-지와 난데스카?

제품 포장은 무엇입니까?

はい、包装は 保管性、商品性、付加価値を 高めます。

하이, 호우소우와 호칸세이, 쇼우힝세이, 후카카치오 타카메마스.

네, 제품 포장은 보관성, 상품성, 부가가치를 높입니다.

18. 製品の 保管は 何が 重要ですか?

세이힝노 호칸와 나니가 쥬우요우데스카?

제품 보관은 무엇이 중요합니까?

はい、製品の 保管は 保管温度、保管場所の 管理が 重要です。

하이, 세이힝노 호칸와 호칸온도, 호칸바쇼노 칸리가 쥬우요우데스.

네, 제품 보관은 보관 온도, 보관 장소의 관리가 중요합니다.

19. 製品 販売に 何が 必要ですか?

세이힝 한바이니 나니가 히쯔요우데스카?

제품 판매에 무엇이 필요합니까?

はい、製品の 販売は お客様への 迅速、正確、丁寧な サービスが 必要です。

하이, 세이힝노 한바이와 오캬쿠사마에노 진소쿠, 세이카쿠, 테이네이나 사-비스가 히쯔요우데스.

네, 제품 판매는 손님에 대한 신속, 정확, 정성스러운 서비스가 필요합니다.

商品 包装、保管、販売

세이힝 호우소우, 호칸, 한바이

상품 포장, 보관, 판매

製品の 包装	保管性	商品性	付加価値
세이힝노 호우소우	호칸세이	쇼우힝세이	후카카치
제품의 포장	보관성	상품성	부가가치
製品の 保管	保管温度	保管場所	保管管理
세이힝노 호칸	호칸온도	호칸바쇼	호칸칸리
제품의 보관	보관 온도	보관 장소	보관 관리
製品の 販売	迅速	正確	丁寧な サービス
세이힝노 한바이	진소쿠	세이카쿠	테이네이나 사-비스
제품의 판매	신속	정확	정성스러운 서비스

20. お菓子屋の 商品は 何が ありますか?

오카시야노 쇼우힝와 나니가 아리마스카?

과자점의 상품은 무엇이 있습니까?

はい、商品は ケーキ、カステラ、パウンドケーキ、マフィン、クッキー、マカロン、ムースケーキ、アイスクリームが あります。

하이, 쇼우힝와 케-키, 카스테라, 파운도케-키, 마휜, 쿳키-, 마카론, 무-스케-키, 아이스쿠리-무가 아리마스.

네, 상품은 케이크, 카스테라, 파운드케이크, 머핀, 쿠키, 마카롱, 무스케이크, 아이스크림이 있습니다.

お菓子屋の 商品

오카시야노 쇼우힝

과자점의 상품

ケーキ 케-키 케이크	カステラ 카스테라 카스테라	パウンドケーキ 파운도케-키 파운드케이크	マフィンケーキ 마휜케-키 머핀케이크	クッキー 쿳키- 쿠키
マカロン 마카론 마카롱	ムースケーキ 무-스케-키 무스케이크	アイスクリーム 아이스크리-무 아이스크림	シュークリーム 슈-쿠리-무 슈크림	生ケーキ 나마케-키 생크림케이크
チョコレート 초코레-토 초콜릿	タルト 타루토 타르트	飴 아메 사탕	せんべい (クッキー) 센베이(쿠키-)	タルトケーキ 타루토케-키 타르트케이크

第3課
<ruby>第<rt>だい</rt></ruby>3<ruby>課<rt>か</rt></ruby>

<ruby>お菓子<rt>かし</rt></ruby>を <ruby>作<rt>つく</rt></ruby>る <ruby>機械<rt>きかい</rt></ruby>・<ruby>道具<rt>どうぐ</rt></ruby>の <ruby>種類<rt>しゅるい</rt></ruby>は
<ruby>何<rt>なに</rt></ruby>が ありますか?

오카시오 쯔쿠루 키카이, 도우구노 슈루이와 나니가 아리마스카?

과자를 만드는 기계, 도구의 종류는 무엇이 있습니까?

お菓子を作る機械・道具の種類は何がありますか?

오카시오 쯔쿠루 키카이, 도우구노 슈루이와 나니가 아리마스카?

과자를 만드는 기계, 도구의 종류는 무엇이 있습니까?

---

01. お菓子を 作る 機械の 種類は 何が ありますか?

오카시오 쯔쿠루 키카이노 슈루이와 나니가 아리마스카?

과자를 만드는 기계의 종류는 무엇이 있습니까?

はい、機械は オーブン、ミキサー、パイロラー、デポジター、発酵室、作業台、大理石 作業台、冷蔵庫、冷凍庫、急速冷凍庫、ガスこんろ、ラッカー、シンク台、フライヤー、蒸し器、秤が あり-ます。

하이, 키카이와 오-븐, 미키사-, 파이로라-, 데포지타-, 핫코우시쯔, 사교우다이, 다이리세키 사교우다이, 레이조우코, 레이토우코, 큐우소쿠레이토우코, 가스콘로, 랏카, 신쿠다이, 후라이야-, 무시키, 하카리가 아리마스.

네, 기계는 오븐, 믹서기, 파이롤러, 데포지터, 발효실, 작업대, 대리석 작업대, 냉장고, 냉동고, 급속냉동고, 가스곤로, 락카, 싱크대, 튀김기, 찜기, 저울이 있습니다.

機械の 種類

키카이노 슈루이

기계의 종류

オーブン 오-븐	ミキサー 미키사-	パイロラー 파이로라-	デポジター 데포지타-	発酵室 핫코우시쯔
오븐	믹서	파이롤러	반죽 짜는 기계	발효실

蒸し器 무시키 찜기	フライヤー 후라이야- 튀김기	冷蔵 冷凍庫 레이조우 레이토투코 냉장 냉동고	氷製氷機 코오리세이효우키 얼음 제빙기	急速冷凍庫 큐우소쿠레이토우코 급속냉동고
ガスこんろ 가스콘로 가스 곤로	シンク台 싱크다이 싱크대	作業台 사교우다이 작업대	大理石 作業台 다이리세키 사교우다이 대리석 작업대	サンドイッチ テーブル 산도윗치 테-브루 샌드위치 데이블
殺菌庫 삿킨코 살균고	ショーケース 쇼-케-스 진열대	ミルク セイカー 미루쿠 세이카- 밀크 세이커	ジュース機械 쥬-스키카이 주스 기계	ラッカー 락카- 선반대
テグオーブ 테그오-븐 테크 오븐	ロータリー オーブン 로-타리-오-븐 로타리 오븐	コンバックション オーブン 콘밧쿠션오-븐 컨벡션 오븐	リールオーブン 리-루오-분 릴 오븐	マイクロオーブン 마이크로오-븐 마이크로 오븐
テーブルミキサー 테-부루 미키사- 테이블 믹서	スタンドミキサー 스탄도 미키사- 찜기	モルダー 모루다- 몰더	成型機 세이게이키 성형기	分割機 분카쯔키 분할기

02. お菓子を 焼く 時は どんな 機械を 使いますか?

오카시오 야쿠 토키와 돈나 키카이오 쯔카이 마스카?

과자를 구울 때는 어떤 기계를 사용합니까?

はい、オーブン、発酵室を 使用し、時間、温度が 重要です。

하이, 오-분, 핫코우시쯔오 시요우시 지칸, 온도가 쥬우요우데스.

네, 오븐, 발효실을 사용하며, 시간, 온도가 중요합니다.

03. コーヒー、喫茶 機械は 何が ありますか?

코-히-, 킷사 키카이와 나니가 아리마스카?

커피, 찻집 기계는 무엇이 있습니까?

はい、コーヒー、喫茶機械は コーヒーマシン、コーヒー 用品、エスプーマ、ブレンダー、ジュース・ドリンクディスペンサー、アイスクリーム 機械、かき氷 機械、ミキサーが あります。

하이, 코-히-, 킷사 키카이와 코-히- 마신, 코-히- 요우힝, 에스푸-마, 브렌다-, 쥬-스 도린쿠디스펜사-, 아이스쿠리-무기카이, 카키코오리 키카이, 미키사-가 아리마스.

네, 커피, 찻집 기계는 커피머신 커피용품, 에스푸마, 블렌더, 주스 드링크 디스펜서, 아이스크림 빙수, 얼음 가는 기계, 믹서 기계가 있습니다.

コーヒー、喫茶用品

코-히-, 킷사요우힝

커피, 다방용품

コーヒーマシン 코-히-마신	コーヒー 用品 코-히-요우힝	エスプーマ 에스 푸-마	ブレンダー 브렌다-
커피기계	커피용품	에스프-마	블렌더
ジュース・ドリンクディスペンサー 쥬-스 도린쿠 디스펜사-	アイスクリーム 機械 아이스쿠리-무 키카이	かき氷 機械 카키코오리 키카이	ミキサー 미키사-
주스 기계	아이스크림 기계	얼음 가는 기계	믹서

04. お菓子を 作る 道具は 何が ありますか?

오카시오 쯔쿠루 도우구와 나니가 아리마스카?

과자를 만드는 도구는 무엇이 있습니까?

はい、お菓子 作りに 必要な 道具は いろいろで ボール、秤、ホイッパー(泡立て器)、スパチュラ、ドレッジ・カード・スクレイパー、パンナイフ、ケーキスライサー、クープナイフ、回転台、計量スプーン、計量カップ、粉ふるい、茶こし、万能 濾し器、ピケローラー、泡立て器、ゴムベラ・木ベラ、ハンドミキサー、温度計、タイマー、パレットナイフ、絞り袋・絞り口金、

回転台、包丁、パン切り 包丁、刷毛、ケーキクーラー、麺棒、カード、型、はさみ、ヘラ、まな板、タオルが あります。

하이, 오카시 쯔쿠리니 히쯔요우나 도우구와 이로이로데 보-루, 하카리, 호잇파- (아와타테키), 스파츄라, 도렛지, 카-도, 스쿠레이파-, 팡나이후, 케-키스라이사-, 쿠-푸나이후, 카이텐다이, 케이료우스-푼, 케이료우캇푸, 코나후루이, 챠코시, 반노우 코시키, 피케로-라-, 아와타테키, 고무 베라, 키베라, 한도미키사-, 온도케이, 타이마-, 파렛토나이후, 시보리부쿠로, 시보리쿠치카네, 카이텐다이, 팡키리, 후우죠우, 하케, 게-키쿠-라-, 멘보우, 카 도, 가타, 하사미, 헤라, 마나이타, 타오루가 아리마스.

네, 과자 만들기에 필요한 도구는 여러 가지로 볼, 저울, 휘퍼(거품기), 스패츌러, 드레지 카드, 스크레이퍼, 빵칼, 케이크 슬라이서, 쿠프칼, 회전 받침대, 계량스푼, 계량컵, 가루 내기, 차 거름망, 만능거름망, 가위, 헤라, 도마, 타월이 있습니다.

05. 製菓 製パン 小物は 何が ありますか?

세이카 세이빵 코모노와 나니가 아리마스카?

제과 제빵 소도구는 무엇이 있습니까?

はい、ステンレスボール、はさみ、めんぼう、ゴム 杓子、木の 杓子、泡立てき、天板、シリコンマット、デコレーター、絞り袋、スパチュラ、チョコレート用品、ハケ、ゴムヘラ、フレキシブル モルド、天板型、パテ抜、クッキー 抜型、モルド・カップ、ラッピング、販売トレー、バスケット、アメ細工類、ワゴン、棚、専用カート類、キッチン ワゴン、カートが あります。

하이, 스텐레스 보-루, 하사미, 멘보우, 고무샤쿠시, 키노 샤쿠시, 아와타테기, 텐반, 시리콘맛토, 데코레에타아, 시보리부쿠로, 스파츄라, 초코레이토우요우힝, 하케, 고무헤라, 후레키시부루모루 도 텐반카타, 파테누키, 쿳키-, 누키카타, 모루도, 캇푸, 랏핀구, 한바이토레-, 바스켓토, 아메자이쿠 루이, 와곤, 타나, 센요우카-토 루이, 키친 와곤, 카-토가 아리마스.

네, 볼, 가위, 밀대, 고무주걱, 나무주걱, 거품기, 철판, 실리콘매트, 데커레이터, 짤주머니, 스패츌러, 초콜릿 용품, 붓, 고무주걱, 플렉시블 몰드, 철판 틀, 반죽 몰더, 쿠키 찍는 틀, 몰드, 래핑, 판매 쟁반, 바스켓, 설탕 세공류, 와곤, 선반, 전용카드류, 주방와곤, 카트가 있습니다.

製菓 製パン 小物
세이카 세이빵 코모노

제과 제빵 소도구

ステンレス ボール	泡立てき	麺棒	木 杓子	ゴム杓子
스텐레스 보-루	아와타데	멘보우	키 샤모지	고무 샤모지
스테인리스 볼	거품기	밀대	나무 주걱	고무 주걱
型	鉄板	シリコン マット	回転台	絞り袋
카타	텟판	시리콘 맛토	테카이텐다이	시보리부쿠로
틀	철판	실리콘 매트	회전대	짤주머니
スパチュラ	はさみ	ハケ	カップ	フレキシブルモルド
스파츄라	하사미	하케	캇프	후레키브루모루도
스패츌러	가위	붓	컵	플렉시블 몰드
アメ細工類	パテ抜	クッキー 抜型	モルド	チョコレート用品
아메사이쿠루이	파테 누키	쿳키- 누키가카	모루도	초코레-토 요우힝
설탕 공예품	반죽 몰더	쿠키 찍는 틀	몰드	초콜릿 용품
ラッピング	販売 トレー	バスケット	やかん	ナイフ
랏핑그	한바이 토레-	바스켓토	야칸	나이프
포장(래핑)	판매 쟁반	바켓트	주전자	칼
棚	シェルフ台	ワゴン	キッチン ワゴン	専用 カート類
타나	셰루프다이	와곤	키친 와곤	센요우 카-토루이
선반	셀프대	쟁반	주방 쟁반	선용 카드류
まないた	カート	フォーク	銅なべ	型
마나이타	카-토	휘-쿠	도우나베	카타
도마	카드	포크	동냄비	틀

06. 器具と 道具の 選択は どう しますか？
키구토 도우구노 센타쿠와 도우 시마스카？

기구와 도구의 선택은 어떻게 합니까？

はい、器具と 道具の 選択は 作る 目的に 合わせます。
하이, 키구토 도우구노 센타쿠와 쯔쿠루 모쿠테키니 아와세마스.

네, 기구와 도구의 선택은 만드는 목적에 맞춥니다.

07. 型の 選択は どう するんですか？

카타노 센타쿠와 도우 스룬데스카?

틀의 선택은 어떻게 합니까?

はい、型の 選択は 作る 菓子の 種類に 合わせます。

하이, 카타노 센타쿠와 쯔쿠루 카시노 슈루이니 아와세마스.

네, 틀의 선택은 만드는 과자의 종류에 맞춥니다.

08. 材料を 計量する 時に 使う 器具は 何が ありますか？

자이료우오 케이료우스루 토키니 쯔카우 키구와 나니가 아리마스카?

재료를 계량할 때 사용하는 기구는 무엇이 있습니까?

はい、材料を 計量する 時は 秤、ボール、計量スプーン、計量カップを 使います。

하이, 자이료우오 케이료우스루 토키와 하카리, 보-루, 케이료우 스-푼, 케이료우 캇푸오 쯔카이마스

네, 재료를 계량할 때는 저울, 볼, 계량 스푼, 계량컵을 사용합니다.

09. 泡を 立てる 時の 機械、道具は 何を 使いますか？

아와오 타테루 토키노 키카이, 도우구와 나니오 쯔카이마스카?

거품을 올릴 때의 기계, 도구는 무엇을 사용합니까?

はい、ミキサー、ハンドミキサー、泡立て器、木べら、ボールを 使います。

하이, 미키사-, 한도 미키사-, 아와타테키, 키베라, 보-루오 쯔카이마스.

네, 믹서기, 핸드 믹서, 거품기, 나무 주걱, 볼을 사용합니다.

10. 生地を 押し伸ばし 時に 機械、道具は 何を 使いますか？

키지오 오시노바시 토키니 키카이, 도우구와 나니오 쯔카이마스카?

반죽을 밀어 펼 때 기계, 도구는 무엇을 사용합니까?

はい、パイロラー、麺棒、カードを 使用します。

하이, 파이로라-, 멘보우, 카-도오 시요우시마스.

네, 파이롤러, 밀대, 카드를 사용합니다.

11. クッキーを 作る 時に 使用する 道具は 何が ありますか?

쿳키-오 쯔쿠루 토키니 시요우스루 도우구와 나니가 아리마스카?

쿠키를 만들 때 사용하는 도구는 무엇이 있습니까?

はい、ボール、泡立て器、カード、麺棒、クッキー抜き型、絞り袋、絞り口金、鉄板を 使います。

하이, 보-루, 아와타테키, 카-도, 멘보우, 쿳키-누키카타, 시보리부쿠로, 시보리쿠치가네, 텟판오쯔카이마스.

네, 볼, 거품기, 카드, 밀대, 쿠키찍는 틀, 짤주머니, 짤 깍지, 철판을 사용합니다.

12. お菓子を 作る 型の 種類は 何が ありますか?

오카시오 쯔쿠루 카타노 슈루이와 나니가 아리마스카?

과자를 만드는 틀의 종류는 무엇이 있습니까?

はい、鉄板、パウンド型、ミニパウンド型、シフォン型、フィナンシェ型、パイ皿、タルト型、マフィン型、マドレーヌ型、シェル型、クグロフ型、プリン型、ゼリー型、セルクル型、抜き型、ワッフル型、角デコレーション、ケーキ型、クッキー型が あります。

하이, 텐팡, 파운도카타, 미니파운노카리, 시흔기타, 휘난쉐카리, 파이시라, 타루토카타, 마흰카타, 마도레-누카카, 쉐루카타, 쿠구로후카타, 푸린카타, 제리-카타, 세루쿠루카카, 누키카타, 왓후루카타, 카쿠데코레에숀, 케-키카타, 쿳키-카타가 아리마스.

네, 철판, 파운드틀, 미니파운드틀, 쉬폰틀, 휘낭시에틀, 파이접시, 타르트틀, 머핀틀, 마들렌쉘틀, 쿠그로프틀, 푸딩틀, 젤리틀, 세르클, 모양틀, 와플, 사각데코레이션, 케이크틀이 있습니다.

型の 種類

카타노 슈루이

틀의 종류

鉄板 텟판	パウンド型 파운도카타	シフォン型 시혼카타	パイ皿 파이자라	カステラ型 카스테라카타
철판	파운드틀	시폰틀	파이틀	카스테라틀

マフィン型 마휜카타	マドレーヌ型 마도레-누카타	シェル型 세루카타	クグロフ型 쿠구로프카타	プリン型 푸린카타
머핀틀	마들렌틀	셸틀	쿠켈호프틀	푸딩틀
ゼリー型 제리-카타	セルクル型 세루쿠루 카타	抜き型 누키카타	ワッフル型 왓후루카타	角デコレーション型 카쿠데코레-션카타
젤리틀	세르클틀	찍는틀	왓플틀	각테커레이션틀
ケーキ型 케-키카타	クッキー型 쿳키-카타	チョコレート型 초코레-토카타	木の枠 키노 와쿠	タルト型 타르토카타
케이크틀	쿠키틀	초콜릿틀	나무틀	타르트틀

13. 厨房用品は 何が ありますか?

쥬우보우 요우힝와 나니가 아리마스카?

주방용품은 무엇이 있습니까?

はい、厨房用品は 鍋類、トレー、お盆、型、バット・番重、給食、道具、キッチンポット、保存容器、ボール、ザル、庖丁、砥石、まな板、そば、パスタ 用品、揚げ物 用品が あります。

하이, 쥬우보우 요우힝와 나베루이, 토레-, 오봉, 카타, 밧도, 반쥬우, 큐우쇼쿠 도우구, 킷친 폿토, 호존요우키, 보-루, 자루, 호우죠우, 토이시, 마나이타 소바, 파스타요우힝, 아게모노 요우힝가 아리마스.

네, 주방용품은 냄비류, 쟁반, 프라이팬, 배트, 번중, 급식 도구, 주방포트, 보존 용기, 볼, 소쿠리, 식칼, 숫돌, 도마, 메밀, 파스타 용품, 튀김 용품이 있습니다.

厨房用品

쥬우보우 요우힝

주방용품

鍋類 나베루이	トレー 토레	お盆 오봉	型 후라이팡	バット 밧토
냄비류	트레이	쟁반	프라이팬	쟁반
給食 道具 큐우쇼쿠 도우구	キッチンポット 킷친폿토	保存 容器 호존 요우키	ボール 보-루	ザル 자루
급식 도구	키친포트	보존 용기	볼	소쿠리

まな板 마나이타	庖丁 호우쵸우	砥石 도이시	揚げ物 用品 아케모노 요우힝	番重 반쥬우
도마	식칼	숫돌	튀김 용품	상자통

14. 調理 小物は 何が ありますか?

죠우리 코모노와 나니가 아리마스카?

조리 소도구는 무엇이 있습니까?

はい、うらごし、篩、スープ桶、みそこし、調味料容器、すり鉢、小物、抜型、皮むき、玉子切、肉用品、ハサミ、缶切類、はかり、タイマー、計量カップ、温度計、湿度計、濃度計、塩素計 類が あります。

하이, 우라고시, 후루이, 스-프오케, 미소코시, 죠우미료우 요우키, 스리하치, 코모노, 누키카타, 카와무키, 타마고키레, 니쿠요우힝, 하사미, 칸키리루이, 하카리, 타이마-, 게이료우캇프, 온도케이, 시쯔도케이, 노우도케이, 엔소케이루이가 아리마스.

네, 거름망, 체, 수프 통, 된장 거름망, 조미료 용기, 양념절구, 소품, 찍는 틀, 껍질 벗기는 것, 달걀 자르는 것, 가위·캔 따개, 저울, 시계, 계량컵, 온도계, 습도계, 농도계, 염소계 류가 있습니다.

調理 小物

죠우리 코모노

조리 소품

うらごし 우라고시	篩 후루이	スープ桶 스-프오게	みそこし 미소코시	皿 사라
거름망	체	수프 통	된장 거름망	접시
ターナー 타-나-	しゃくし 샤쿠지	調味料 容器 죠우미료우 요우키	すり鉢 스리하치	洋式用 小物 요우시키요우 코모노
선반	국자	조미료 용기	절구통	양식용 소품
抜型 누키카타	タイマー 타이마-	皮むき 카와무키	玉子切り 타마고키리	缶切類 캉키루 루이
찍는 틀	시계	껍질 벗기기	달걀 자르는 것	통조림 따는 도구

計量カップ	温度計	湿度計	濃度計	塩素計類
게이료우캇프	온도게이	시쯔도게이	노우도게이	엔소게이류이
계량컵	온도계	습도계	농도계	염소계류

15. 調理用 小道具は 何が ありますか?

죠우리요우 코도우구와 나니가 아리마스카?

조리용 소도구는 무엇이 있습니까?

はい、調理用小物、ステンレス 製品類、あみ類、泡立て器、乾き物、しおれ、かご、いわし缶、ミキシングボール、スクープ、杓子鍋用小品、計量製品類、調理用スプーン類、網、鍋、杓子類が あります。

하이, 죠우리요우고모노, 스텐레스 세이힝루이, 아미루이, 아와타테키, 카와키모노, 시오레, 카고, 이와시칸, 미키싱구보-루, 스쿠-푸, 샤쿠시나베요우쇼우힝, 케이료우세이힝루이, 죠우리요우스-푼루리, 아미, 나베, 샤쿠지루이가 아리마스.

네, 조리용 소품, 스테인리스 제품류, 거름망 류, 거품기, 말리는 도구, 뒤집개, 바구니, 멸치통, 믹싱볼, 스쿠프, 주걱 조리용 소품, 계량 제품류, 조리용 스푼류, 체, 냄비, 주걱류 등이 있습니다.

調理用の 小道具

료우리요우노 코도우구

조리용의 소도구

ステンレス 製品類	あみ類	泡立て器	乾き物
스텐레스 세이힝루이	아미루이	아와타테키	카와키모노
스텐레스 제품류	거름망 류	거품기	말리는 도구
しおれ	かご	いわし缶	ミキシングボール
시오레	카고	이와시칸	믹싱그보-루
뒤집개	바구니	멸치통	믹싱볼
スクープ	杓子鍋用 小品	調理用 スプーン	網
스쿠-푸	샤쿠지요우 쇼우힝	죠우리 스-푼	아미
스쿠프	국자 냄비용 소품	조리용 스푼	그물
スプーン類	調理用 小物	鍋	杓子類
스-푼루이	죠우리요우 코모노	나베	샤쿠지루이
스푼류	조리용 소도구	냄비	주걱류

第4課
だい か

お菓子を 作る 材料は 何が ありますか?
かし つく ざいりょう なに

오카시오 쯔쿠루 자이료우와 나니가 아리마스카?

과자를 만드는 재료는 무엇이 있습니까?

（第**4**課）

お菓子を作る 材料は 何が ありますか？

오카시오 쯔쿠루 자이료우와 나니가 아리마스카?

과자를 만드는 재료는 무엇이 있습니까?

01. お菓子 作る 4種類の 材料は 何が ありますか？

오카시오 쯔쿠루 욘슈이노 자이료우와 나니가 아리마스카?

과자를 만드는 4가지 재료는 무엇이 있습니까?

はい、4種類の 材料は 小麦粉、卵、砂糖、バターが あります。

하이, 욘슈루이노 자이료우와 코무기코, 타마고, 사토우, 바타-가 아리마스.

네, 4가지 재료는 밀가루, 달걀, 설탕, 버터가 있습니다.

菓子の 4種類 材料

오카시노 욘슈루이 자이료우

과자의 4가지 재료

小麦粉	卵	砂糖	バター
코무기코	타마고	사토우	바타-
밀가루	달걀	설탕	버터

02. 小麦粉の 役割は 何ですか？

코무기코노 야쿠와리와 난데스카

밀가루의 역할은 무엇입니까?

はい、小麦粉の 役割は お菓子の 構造を 形成、体積、色、味、栄養的な 価値を
高めます。

하이, 코무기코노 야쿠와리와 오카시노 코우죠우오 케이세이, 다이세키, 이로, 아지, 에이요우테키나 카치오
타카메마스.

네, 밀가루의 역할은 과자의 구조를 형성하며, 부피, 색, 맛, 영양적인 가치를 높입니다.

小麦粉の 役割
코무기코노 야쿠와리

밀가루의 역할

構造を 形成	体積	色	味	栄養的 価値
코우소우오 케이세이	타이세키	이로	아지	에이요우테키 카치
구조 형성	체적	색깔	맛	영양적인 가치

03. 卵の 役割は 何ですか?

타마고노 야쿠와리와 난데스카?

달걀의 역할은 무엇입니까?

はい、卵の 役割は 気泡の 生成、体積の 増加、乳化性、熱凝固性、着色性、
食感、老化改善、保存性の 向上、味と 栄養価を 高めます。

하이, 타마고노 야쿠와리와 키호우노 세이세이, 타이세키키노조우와, 뉴우카세이, 네쯔교우코세이, 차쿠쇼쿠
세이, 쇼칸, 로우카카이젠, 호존세이노 코우죠우, 아지토 에이요우카오 타카메마스.

네, 달걀의 역할은 기포 생성, 부피 증가, 유화성, 열응고성, 착색성, 식감, 노화 개선,
보존성 향상, 맛과 영양가를 높여줍니다.

卵の 役割
타마고노 야쿠와리

달걀의 역할

気泡の 生成	体積の 増加	乳化性	熱 凝固性	着色性
키호우노 세이세이	타이세키노 죠우와	뉴우카세이	네쯔 교우코세이	차쿠쇼쿠 세이
기포생성	체적의 증가	유화성	열응고성	착색성

食感	老化改善	保存性の 向上	味の 向上	栄養価を 高め
쇼칸	로우카카이젠	호존세이노 코우죠우	아지노 코우죠우	에이요우카오 타카메
식감	노화개선	유화성	맛의 향상	영양가를 높임

04. 砂糖の 役割は 何ですか？

사토우노 야쿠와리와 난데스카？

설탕의 역할은 무엇입니까？

はい、砂糖は 甘みが あり、泡立ちや 気泡の 安定、クリーム化の 増加、水分
吸収力の 増加、デンプン 老化防止、柔らかさ、皮色、品質を 向上させます。

하이, 사토우 아마미가 아리, 아와다치야 키호우노 안테이, 쿠리-무카노죠우와, 스이분 큐우슈료쿠노죠우
와, 덴푼, 로우카보우시, 야와라카시, 카와이로, 힌시쯔오 코우죠우사세마스.

네, 설탕은 단맛을 주며 거품과 기포안정, 크림화 증가, 수분흡수력 증가, 전분노화방지,
부드러움, 껍질색, 품질을 향상시킵니다.

砂糖の 役割

사토우노 야쿠와리

설탕의 역할

甘み	泡立ちの 増加	気泡の 安定	クリーム化の 増加	水分吸収力の 増加
아마미	아와다치노 죠우와	키호우노 안테이	쿠리-무카노 죠우와	스이분큐우슈-료쿠노죠우와
단맛	거품의 증가	기포의 안정	크림화 증가	수분흡수력의 증가
デンプン 老化防止	柔らかさ	皮色	品質を 向上	味の 向上
덴푼 로우카보우시	야와라카사	카와이로	힌시쯔오 코우죠우	아지노 코우죠우
전분의 노화방지	부드러움	껍질색	품질의 향상	맛의 향상

05. 油脂(バター)の 役割は 何ですか？

유시(바타-)노 야쿠와리와 난데스카？

유지(버터)의 역할은 무엇입니까？

はい、油脂の 役割は 味の 向上、ショートネット性、膨張作用 柔らかさ、
内相光沢、栄養増加、オーブン膨張を 与えます。

하이, 유시노 야쿠와리와 아지노 코우죠우, 쇼-토넷토세이, 보우죠우 사요우, 야와라카사, 나이쇼우 코우타
쿠, 에이요우 조우카, 오-분 보우죠우오 아타에마스.

네, 유지의 역할은 맛의 향상, 쇼트네트성, 팽윤작용, 부드러움, 내상광택, 영양증가,
오븐 팽창을 줍니다.

油脂(バター)の 役割

유시(바타-)노 야쿠와리

유지의 역할

味の 向上	ショートネット性	膨張 作用	柔らかさ
아지노 코우죠우	쇼-토넷토세이	보우죠우 사요우	야와라카사
맛의 향상	쇼트네성	팽창작용	부드러움
內相 光沢	栄養 増加	オーブン膨張	クリーム化の 増加
나이쇼우 코우타쿠	에이요우 조우카	오-분 보우죠우	쿠리-무카노 조우카
내상 광택	영양 증가	오븐 팽창	크림화의 증가

06. お菓子を 作る 副材料は 何が ありますか?

오카시오 쯔쿠루 후쿠자이료우와 나니가 아리마스카?

과자를 만드는 부재료는 무엇이 있습니까?

はい、副材料は 牛乳、乳製品、チーズ、チョコレート、水、塩、イースト、膨張
剤、乳化剤、凝固剤、洋酒、食品添加物、果物加工品、ナッツ類、ハーブや ス
パイス、嗜好食品が あります。

하이, 후쿠자이료우와 규우뉴우, 뉴우세이힝, 치-즈, 초코레-토, 미즈, 시오, 이-스토, 보우죠우자이, 뉴우
카자이, 교우코우자이, 요우슈, 쇼쿠힌텐카부쯔, 쿠다모노카코우힝, 낫쯔루이, 하-부야 스파이스, 시코우쇼
쿠힌가 아리마스.

네, 부재료는 우유, 유제품, 물, 소금, 이스트, 팽창제, 유화제, 응고제, 양주, 식품첨가물,
과일 가공품, 견과류, 허브와 스파이스, 기호식품이 있습니다.

副材料
후쿠자이료우

부재료

牛乳 큐우뉴우 우유	乳製品 뉴우세이힝 유제품	チーズ 치-즈 치즈	チョコレート 초코레-토 초콜릿	水 미즈 물
イースト 이-스토 이스트	膨張剤 보우죠우자이 팽창제	乳化剤 뉴우가자이 유화제	凝固剤 교우교우자이 응고제	洋酒 요우슈 양주
食品 添加物 쇼쿠힌 텐카부쯔 식품첨가물	果物/果物加工品 쿠다모노/ 쿠다모노 카코우힝 과일 / 과일가공품	ナッツ類 낫쯔루이 넛류	ハーブや スパイス 하-부야 스파이스 허브 / 스파이스	嗜好食品 시코우쇼쿠힌 기호식품

07. お菓子を 作る 穀類は 何が ありますか？
오카시오 쯔쿠루 코쿠루이와 나니가 아리마스카?

과자를 만드는 곡류는 무엇이 있습니까?

はい、穀類は 小麦、ライ麦、麦、米、玉蜀黍が あります
하이, 코쿠루이와 코무기, 라이무기, 무기, 코메, 도우모로코시가 이라마스.

네, 곡류는 밀, 호밀, 보리, 쌀, 옥수수가 있습니다.

穀類
코쿠루이

곡류

小麦 코무기 밀	ライ麦 라이무기 호밀	麦 무기 보리	米 코메 쌀
玉蜀黍 도우모로코시 옥수수	もち米 모치코메 참쌀	玄米 겐마이 현미	蕎麦 소바 메밀

キビ 키비	エンバク 엔바쿠	アワ 아와	稗草 ^{ヒエグサ} 비에구사
수수	귀리	조	피
オートミール 오-토미-루	はとむぎ 하토무기	胡麻 ^{ごま} 고마	ひまわりの 種 ^{たね} 히마와리노 타네
오트밀	율무	깨	해바라기 씨

08. お菓子を 作る 理化学的な 反応は 何が ありますか?

오카시오 쯔쿠루 리카가쿠테키나 한노우와 나니가 아리마스카?

과자를 만드는 이화학적인 반응은 무엇이 있습니까?

はい、理化学的な 反応は 澱粉の 豪華、脂肪の 酸化、食品の 褐変、基礎 調理科学が あります。

하이, 리카가쿠테키나 한노우니와 덴푼노 고우카, 시보우노 산카, 쇼쿠힌노 캇펜, 키소죠우리카가쿠가 아리마스.

네, 이화학적인 반응은 전분의 호화, 지방의 산화, 식품의 갈변, 기초 조리과학이 있습니다.

お菓子を 作る 理化学的な 反応

오카시오 쯔쿠루 리카가쿠테키나 한노우

과자를 만드는 이화학적인 반응

澱粉の 豪華 ^{でんぷん こうか} 덴푼노 고우카	脂肪の 酸化 ^{しぼう さんか} 시보우노 산카	食品の 褐変 ^{しょくひん かっぺん} 쇼쿠힌노 캇펜	基礎 調理科学 ^{きそ ちょうりかがく} 키소 죠우리카가쿠
전분의 호화	지방의 산화	식품의 갈변	기초 조리과학

09. お菓子を 作る 基礎 調理科学は 何が ありますか?

오카시오 쯔쿠루 키소 죠우리카가쿠와 나니가 아리마스카?

과자를 만드는 기초 조리과학은 무엇이 있습니까?

はい、基礎 調理科学は 加熱、酸化、表面張力、イオン化、粘性、pH、溶解度、泡、コロイド、冷凍、冷蔵が あります。

하이, 키소 죠우리 카가쿠와 카네쯔, 산카, 효우멘죠우료쿠, 이온카, 넨세이, 피이에에치, 요우카이도, 아와, 코로이도, 레이토우, 레이조우가 아리마스.

네, 기초 조리과학은 가열, 산화, 표면장력, 이온화, 점성, pH, 용해도, 거품, 콜로이드, 냉동, 냉장이 있습니다.

基礎 調理科学
키소 죠우리 카가쿠

기초 조리과학

加熱	酸化	表面張力	イオン化	粘性
카네쯔	산카	효우멘죠우료쿠	이온카	넨세이
가열	산가	표면장력	이온가	점성
pH	溶解度	泡	コロイド	冷凍 / 冷蔵
피이에에치	요우카이도	아와	코로이도	레이토우 / 레이조우
pH	용해도	거품	콜로이드	냉동 / 냉장

10. お菓子を 作る 過程は 何が ありますか？

오카시오 쯔쿠루 카테이와 나니가 아리마스카?

과자를 만드는 과정은 무엇이 있습니까?

はい、作る 過程は 計量します、混ざます、焼きます、揚げます、蒸します、仕上げますが あります。

하이, 쯔쿠루 카테이와 게료우시마스, 마제마스, 야키마스, 아케마스, 무시마스, 시와게마스가 아리마스.

네, 만드는 과정은 계량합니다, 섞습니다, 굽습니다, 튀깁니다, 찝니다, 마무리합니다 가 있습니다.

作る 過程
쯔쿠루 카테이

만드는 과정

計量します 게이료우시마스 계량합니다	計ります 하카리마스 잽니다	ふります 후리마스 뿌립니다	混ざます 마제마스 섞습니다	こねます 코네마스 이깁니다
ミキシングします 미키싱구시마스 믹싱합니다	作ります 쯔쿠리마스 만듭니다	泡立ます 아와타데마스 거품을 올립니다	合わせます 아와세마스 합칩니다	休止します 큐우시시마스 휴지합니다
固めます 카타메마스 굳힙니다	凍らせます 코오라세마스 얼립니다	作ります 쯔쿠리마스 만듭니다	練りを作ります 네리오 쯔쿠리마스 끈기를 만듭니다	絞ります 시보리마스 짜냅니다
暖めます 아타타메마스 덥힙니다	溶かします 토카시마스 녹입니다	湯煎します 유센시마스 중탕합니다	沸かします 와카시마스 끓입니다/데웁니다	煮詰めます 니쯔메마스 끓여조립니다
焼きます 야키마스 굽습니다	蒸します 무시마스 찝니다	揚げます 아게마스 튀깁니다	煮ます 니마스 삶습니다	茹でます 유데마스 데칩니다
いためます 이타메마스 볶습니다	火を つけます 히오 쯔케마스 불을 켭니다	炊きます 타키마스 짓습니다	冷やします 히야시마스 식힙니다	盛り出します 모리다시마스 담아냅니다
洗います 아라이마스 씻습니다	皮を むきます 카와오 무키마스 껍질을 벗깁니다	切ります 기리마스 자릅니다	はがします 하가시마스 벗깁니다	すりつぶします 스리쯔마스 갈아 으깹니다
濾します 코시마스 거릅니다	漬けます 쯔케마스 담급니다	研(磨)きます 토키마스 갈아줍니다	汁を 出します 시루오 다시마스 국물을 냅니다	味を つけます 아지오 쯔케마스 맛을 냅니다
たたきます 타타키마스 두드립니다	折ります 오리마스 접습니다	仕上げます 시아게마스 마무리합니다	振り掛けます 후리 카케마스 뿌립니다/끼얹습니다	載せます 노세마스 올려놓습니다

11. 泡立て 作る お菓子は 何が ありますか？

아와다테테 쯔쿠루 오카시와 나니가 아리마스카?

거품을 올려 만드는 과자는 무엇이 있습니까?

はい、泡立て 作る お菓子は 卵を 泡立る スポンジケーキ、ロールケーキ、シフォンケーキ、カステラが あり、バターを 泡立る バターケーキ、パウンドケーキ、マフィンケーキ、タルトが あり、生クリームを 泡立る 生クリームケーキ、ムースケーキが あります。

하이, 아와다테테 쯔쿠루 오카시와 타마고오 아와다테루 스폰지케-키, 로-루케-키, 시횐케-키, 카스테라가 아리, 바타-오 아와다테루 바타-케-키, 파운도케-키, 마휜케-키, 타루토가 아리, 나마쿠리-무오 아와다테루 나마쿠리-무케-키, 무-스케-키가 아리마스.

네, 거품을 올려 만드는 과자는 달걀을 거품 올리는 스펀지케이크, 롤케이크, 쉬폰케이크, 카스테라가 있으며, 버터를 거품 올리는 버터케이크, 파운드케이크, 머핀케이크, 타르트가 있으며, 생크림을 거품 올리는 생크림케이크, 무스케이크가 있습니다.

泡立て 作る お菓子
아와타테테 쯔쿠루 오카시

거품을 올려 만드는 과자

卵を 泡立 타마고 아와다테 달걀을 거품올림	スポンジケーキ 스폰지케-키 스펀지케이크	ロールケーキ 로-루케-키 롤케이크	シフォンケーキ 시횐케-키 시폰케이크	カステラ 카스테라 카스테라
バターを 泡立 바타-오 아와다테 버터를 거품올림	バターケーキ 바타-케-키 버터케이크	パウンドケーキ 파운도케-키 파운드케이크	マフィンケーキ 마휜케-키 시폰케이크	タルト 타루토 타르트
生クリームを 泡立 나마쿠리-무오 아와다테 생크림을 거품올림	生クリーム 나마쿠리-무 생크림	生クリームケーキ 나마쿠리-무 케-키 생크림케이크	ムースケーキ 무-스케-키 무스케이크	チョコレート 生クリームケーキ 초코레-토 나마쿠리-무 케-키 초콜릿 무스케이크

12. 油脂の 層を 作る お菓子は 何が ありますか？

유시노 소우오 쯔쿠루 오카시와 나니가 아리마스카?

유지의 층을 만드는 과자는 무엇이 있습니까?

はい、油脂の 層を 作る お菓子は パイ、リンゴパイ、ペストリー、クロワッサンが あります。

하이, 유시노 소우오 쯔쿠루 오카시와 파이, 링고파이, 페스토리- 크로왓상가 아리마스.

네, 유지의 층을 만드는 파이, 사과파이, 페이스트리, 크로와상이 있습니다.

油脂の 層を 作る お菓子

유시노 소우오 쯔쿠루 오카시

유지의 층을 만드는 과자

油脂の 層 유시노 소우	パイ 파이	リンゴパイ 링고파이	ペストリー 페스토리-	クロワッサン 쿠로왓상
유지의 층	파이	사과파이	페이스트리	크로와상

13. 生地を 絞って 作る お菓子は 何が ありますか?

키지오 시봇테 쯔쿠루 오카시와 나니가 아리마스카?

반죽을 짜서 만드는 과자는 무엇이 있습니까?

はい、生地を 絞って 作る お菓子は 絞りクッキー、メレンゲ クッキー、マカロン、ダックワーズ、生クリームケーキ、クリームが あります。

하이, 키지오 시봇테 쯔쿠루 오카시와 시보리쿳키-, 메렌게쿳키-, 마카론, 닷쿠와-즈, 나마쿠리-무케-키 쿠리-무가 아리마스.

네, 반죽을 짜서 만드는 과자는 짜는 쿠키, 머랭쿠키, 마카롱, 다쿠와즈, 생크림, 케이크, 크림이 있습니다.

生地を 絞って 作る お菓子

키지오 시봇테 쯔쿠루 오카시

반죽을 짜서 만드는 과자

絞りクッキー 시보리쿳키-	メレンゲクッキー 메렌게쿳키-	マカロン 마카론	ダックワーズ 닷쿠와-즈	生クリームケーキ 나마쿠리-무케-키
짜는 쿠키	머랭쿠키	마카롱	다쿠와즈	생크림케이크

14. 湯煎して 作る お菓子は 何が ありますか？

유센시테 쯔쿠루 오카시와 나니가 아리마스카?

중탕하여 만드는 과자는 무엇이 있습니까?

はい、湯煎して 作る お菓子は プリン、チーズケーキが あります。

하이, 유센시테 쯔쿠루 오카시와 푸린, 치-즈케-키가 아리마스.

네, 중탕하여 만드는 과자는 푸딩, 치즈케이크가 있습니다.

15. 溶かして 作る お菓子は 何が ありますか？

토카시테 쯔쿠루 오카시와 나니가 아리마스카?

녹여서 만드는 과자는 무엇이 있습니까?

はい、チョコレート、マドレーヌ、フォンダンが あります。

하이, 초코레-토, 마도레-누, 혼당가 아리마스.

네, 초콜릿, 마들렌, 펀던트가 있습니다.

16. 沸かし 煮詰めて 作る お菓子は 何が ありますか？

와카시 니쯔메테 쯔쿠루 오카시와 나니가 아리마스카?

끓이거나, 조려서 만드는 과자는 무엇이 있습니까?

はい、沸かし 煮詰めて 作る お菓子は シュー、シロップ、カスタードクリーム、ガナッシュ、キャンディーが あります。

하이, 와카시 니쯔메테 쯔쿠루 오카시와 슈-, 시롯푸, 카스타-도쿠리-무, 가낫슈, 캰디-가 아리마스.

네, 끓이거나, 조려서 만드는 과자는 슈, 시럽, 커스터트크림, 가나슈, 사탕이 있습니다.

17. 固めたり 凍らせて 作る お菓子は 何が ありますか？

카타메타리 코오라세테 쯔쿠루 오카시와 나니가 아리마스카?

굳히거나 얼려 만드는 과자는 무엇이 있습니까?

はい、固めたり 凍らせて 作る お菓子は ゼリー、ムース、シャー ベット、アイスクリームが あります。

하이, 카타메타리 코오라세테 쯔쿠루 오카시와 제리-, 무스, 샤-벳토, 아이스쿠리-무가 아리마스.

네, 굳히거나 얼려 만드는 과자는 젤리, 무스, 셔벗, 아이스크림이 있습니다.

湯煎、溶かし、沸かし 煮詰固めたり 凍らせて 作る お菓子

유센, 토카시, 와카시 니쯔메, 카타메타리 코오라세테 쯔쿠루 오카시

중탕, 녹이고, 끓이고 굳히거나 얼려 만드는 과자

湯煎して 作る お菓子 유센시테 쯔쿠루 오카시 중탕하여 만드는 과자	プリン 푸린 푸딩	チーズ ケーキ 치-즈 케-키 치즈케이크	スプレ 스푸레 수플레	
溶かして 作る お菓子 토카시테 쯔쿠루 오카시 녹여서 만드는 과자	チョコレート 초코레-토 초콜릿	ガナッシュ 가낫슈 가나슈	マドレーヌ 마도레-누 마들렌	フォンダン 혼당 펀던트
沸かし 煮詰めて 作る お菓子 와카시 니쯔메테 쯔쿠루 오카시 끓이거나, 조려서 만드는 과자	シュークリーム 슈-쿠리-무- 슈크림	シロップ 시롯푸 시럽	カスタード クリーム 카스타-도쿠리-무- 커스터드 크림	キャンディー 캰디- 캔디(사탕)
固めたり 凍らせて 作る お菓子 카타메타리 코오라세테 쯔쿠루 오카시 굳히거나 얼려 만드는 과자	ゼリー 제리- 젤리	ムース 무스 무스	シャーベット 샤-벳토 셔벗	アイスクリーム 아이스쿠리-무 아이스크림

第5課

スポンジケーキは 何ですか?

스폰지케-키와 난데스카?

스펀지케이크(Sponge Cake)는 무엇입니까?

スポンジケーキは 何ですか?

스폰지케-키와 난데스카?

스펀지케이크(Sponge Cake)는 무엇입니까?

01. スポンジケーキは 何ですか?

스폰지케-키와 난데스카?

스펀지케이크는 무엇입니까?

はい、スポンジケーキは 商品の 内相が スポンジの ように なっている ことから 付けられた 名前です。

하이, 스폰지케-키와 쇼우힝노 나이쇼우가 스폰지노 요우니 낫테이루 고토카라 쯔케라레타 나마에데스.

네, 스펀지케이크는 제품의 내상 상태가 스펀지처럼 되어있어 붙여진 이름입니다.

02. スポンジケーキの 分類は 何が ありますか?

스폰지케-키노 분루이와 나니가 아리마스카?

스펀지케이크의 분류는 무엇이 있습니까?

はい、スポンジケーキの 分類は 作業工程、配合、比重の 3つが あります。

하이, 스폰지케-키노 분루이와 사교우코우테이, 하이고우, 히쥬우노 밋쯔가 아리마스.

네, 스펀지케이크의 분류는 작업공정, 배합, 비중의 3가지가 있습니다.

03. スポンジケーキの 配合は 何が ありますか?

스폰지케-키노 하이코우와 나니가 아리마스카?

스펀지케이크의 배합은 무엇이 있습니까?

はい、スポンジケーキのは 基本配合、油脂配合、香り配合、ナッツを 加えた 配合が あります。

하이, 스폰지케-키노 하이고우와 키혼하이고우, 유시하이고우, 카오리하이고우, 낫쯔오 쿠와에타 하이고우가 아리마스.

네, 스펀지케이크의 배합은 기본 배합, 유지배합, 향배합, 넛을 첨가한 배합이 있습니다.

04. スポンジケーキの 比重は どの くらいですか?

스폰지케-키노 히쥬우와 도노 쿠라이데스카?

스펀지케이크의 비중은 얼마입니까?

はい、スポンジケーキの 空気を 捕集した 量で、軽い スポンジ ケーキは 比重0.4と 重い スポンジケーキは 0.50~0.55が あります。

하이, 스폰지케-키노 쿠우키오 호슈-시타 료우데, 카루이 스폰지케-키와 히쥬우 레이 욘토 오모이 스폰지케-키와 레이 고텐레이~레이 고텐가 아리마스.

네, 스펀지케이크의 공기를 포집한 양으로 가벼운 스펀지케이크는 비중 0.4와 무거운 스펀지케이크는 0.50~0.55가 있습니다.

05. スポンジケーキの 基本 材料は 何が ありますか?

스폰지케-키노 키혼 자이료우와 나니가 아리마스카?

스펀지케이크의 기본 재료는 무엇이 있습니까?

はい、スポンジケーキの 基本 材料は 卵、砂糖、小麦粉が あります。

하이, 스폰지케-키노 키혼 자이료우와 타마고, 사토우, 코무기코가 아리마스.

네, 스펀지케이크의 기본 재료는 달걀, 설탕, 밀가루가 있습니다.

06. スポンジケーキの 基本 材料の 役割は 何ですか?

스폰지케-키노 키혼 자이료우노 야쿠와리와 난데스카?

스펀지케이크의 기본 재료의 역할은 무엇입니까?

はい、卵は 泡を 形成、砂糖は 泡を 安定と 色、薄力粉は 骨格を 形成、油脂は 風味、バニラは 味の 中和、牛乳は 水分 含量を 調節します。

하이, 타마고와 아와오 케이세이, 사토우와 아와오 안테이토 이로, 하쿠리키코와 콧카쿠오 케이세이, 유시와 후우미, 바니라와 아지노 쥬우와, 규우뉴우와 스이분 간료우오 죠우세쯔시마스.

네, 달걀은 거품을 형성, 설탕은 거품을 안정과 색깔, 박력분은 골격을 형성, 유지는 풍미, 바닐라는 맛의 중화, 우유는 수분함량을 조절합니다.

07. スポンジケーキの 製法は 何が ありますか?

스폰지케-키노 세이호우와 나니가 아리마스카?

스펀지케이크의 제법은 무엇이 있습니까?

はい、スポンジケーキの 製法は 共立法、別立法、1段階法、シフォン法、メレンゲ法など 5種類が あります。

하이, 스폰지케- 세이호우와 토모탓테호우, 베쯔닷테호우, 이치단카이호우, 시횬호우, 메렌게호우나도 고슈루이가 아리마스.

네, 스펀지케이크의 제법은 공립법, 별립법, 1단계법, 시퐁법, 머랭법 등 5가지가 있습니다.

スポンジケーキの 製法

스폰지케-키노 세이호우

스펀지케이크의 제법

共立法	別立法	1段階法	シフォン法	メレンゲ法
토모탓테호우	베쯔탓테호우	이치 단카이호우	시횬호우	메렌게호우
공립법	별립법	1단계법	시퐁법	머랭법

08. 共立法は 何ですか?

토모탓테호우와 난데스카?

공립법은 무엇입니까?

はい、共立法は 全卵に 砂糖を 入れて 湯煎(43℃)して 泡立て 方法です。

하이, 토모탓테호우와 젠란니 사토우오 이레테 유센(욘쥬우산)시테 아와다테 호우호우데스.

네, 공립법은 전란에 설탕을 넣고 중탕(43℃)하여 거품 올리는 방법입니다.

09. スポンジケーキの 共立法の 長点は なんですか?

스폰지케-키노 토모탓테호우노 죠우텐와 난데스카?

스펀지케이크의 공립법의 장점은 무엇입니까?

はい、スポンジケーキの 共立法の 長点は 作業 工程が 簡単で しっとり した 製品が 作られます。

하이, 스폰지케-키노 토모탓테호우노 죠우텐와 사교우 코우테이가 칸탄데 싯토리시타 세이힝가 쯔쿠라레마스.

네, 스펀지케이크의 공립법의 장점은 작업공정이 간단하며 촉촉한 제품이 만들어집니다.

10. スポンジケーキの 共立法の 短点は 何ですか?

스폰지케-키노 토모탓테호우노 탄텐와 난데스카?

스펀지케이크의 공립법의 단점은 무엇입니까?

はい、スポンジケーキの 共立法の 短点は 泡形成が 少なくて体積が 小さ いです。

하이, 스폰지케-키노 토모탓테호우노 탄텐와 아와케이세이가 스쿠나쿠테 타이세키가 치이사이데스.

네, 스펀지케이크의 공립법의 단점은 거품 형성이 적어 부피가 작습니다.

11. スポンジケーキの 生地の 共立法 配合表(100% スポンジケーキ)

스폰지케-키노 키지노 토모탓테호우 하이고우효우(햐쿠 파-센토 스폰지케-키)

스펀지케이크의 반죽 공립법 배합표(100% 스펀지케이크)

順序 쥰죠 순서	材料 자이료우 재료	配合比率(%) 하이고우히리쯔 배합 비율(%)	配合量(g) 하이고우료우 배합량(g)
1	卵 타마고 달걀	100 햐쿠	200 니햐쿠

2	砂糖 사토우 설탕	100 햐쿠	200 니햐쿠
3	薄力粉 하쿠리키코 박력분	100 햐쿠	200 니햐쿠
4	バニラ 바니라 바닐라	0.5 레이덴고	1 이치
5	バター 바타- 버터	10 쥬우	20 니쥬우
6	水 미즈 물	5 고	10 쥬우
合計 코우게이 합계	-	315.5% 산뱌쿠주우고텐고	631g 롯바쿠산쥬우이치

12. スポンジケーキの 共立法を 作る 順序は 何ですか?

스폰지케-키노 토모탓테호우오 쯔쿠루 준죠와 난데스카?

스펀지케이크의 공립법을 만드는 순서는 무엇입니까?

はい、共立法の 作り方は 材料計量→ 卵の 泡立ち→ 湯煎→ 小麦粉 混ぜ
→ バター混ぜ→ パンニング→ 焼きです。

하이, 토모탓테호우노 쯔쿠리카타와 자이료우케이료우→ 타마고노 아와다치→ 유센→ 코무기코 마제 → 바타- 마제→ 판닌구→ 야키데스.

네, 공립법을 만드는 순서는 재료계량→ 달걀 거품 올리기→ 중탕하기→ 밀가루 섞기 → 버터 섞기→ 팬닝→ 굽기입니다.

13. スポンジケーキの 別立法の 作り方は 何ですか?

스폰지케-키노 베쯔탓테호우 쯔쿠리카타와 난데스카?

스펀지케이그의 변립법은 무엇입니까?

はい、別立法は 卵を 卵白と 卵黄に 分けて、それぞれ 泡立てて 作る 方法です。

하이, 베쯔탓테호우와 타마고오 란바쿠토 란오우니 와케테, 소레조레 아와다테테 쯔쿠루 호우호우데스.

네, 별립법은 달걀을 흰자와 노른자로 나누어 각각 거품 올려 만드는 방법입니다.

14. スポンジケーキの 別立法の 長点は 何ですか?

스폰지케-키노 베쯔탓테호우노 죠우텐와 난데스카?

스펀지케이크의 별립법 장점은 무엇입니까?

はい、スポンジケーキの 別立法の 長点は 商品の 気泡が 安定して 膨張が 良くて 体積、気功が 稠密です。

하이, 스폰지케-키노 베쯔탓테호우노 죠우텐와 쇼우힝노 키호우가 안테이시테 보우죠우가 요쿠테 타이세키, 키코우가 죠우미쯔데스.

네, 스펀지케이크의 별립법의 장점은 제품의 기포가 안정되며, 팽창이 좋아 부피가 크며 기공이 조밀합니다.

15. スポンジケーキの 別立法 短点は 何ですか?

스폰지케-키노 베쯔탓테호우 탄텐와 난데스카?

스펀지케이크의 별립법 단점은 무엇입니까?

はい、スポンジケーキの 別立法の 短点は 製造工程が 複雑で労働力、製造 器具が 必要です。

하이, 스폰지케-키노 베쯔탓테호우노 탄텐와 세이조우코우테이가 후쿠자쯔데 로우도우료쿠, 세이조우키구가 히쯔요우데스.

네, 스펀지케이크의 별립법의 단점은 제조공정이 복잡하여 노동력, 제조 기구가 필요합니다.

16. スポンジケーキの 別立法を 作る 順番は 何ですか?

스폰지케-키노 베쯔타테호우오 쯔쿠루 쥰방와 난데스카?

스펀지케이크의 별립법 만드는 순서는 무엇입니까?

はい、別立法を 作る 順番は 材料計量→ 卵黄 泡立ち→ 卵白+
卵黄合わせ→ 小麦粉 混ぜ→ バター混ぜ→ 温度と 比重→ パンニ
ング→ 焼きの 順序です。

하이, 베쯔타테호우오 쯔쿠루 쥰방와 자이료우케이료우→ 란오우 아와다치→ 란파쿠 푸라스 란오우아와세
→ 코무기코 마제 → 바타- 마제 → 온도토 히쥬우→ 판닌구→ 야키노 쥰죠데스.

네, 별립법을 만드는 순서는 재료계량→ 노른자 거품 올리기→ 흰자 거품 올리기→
흰자+노른자 합치기→ 밀가루 섞기→ 버터 섞기→ 온도와 비중 → 팬닝→ 굽기의
순서입니다.

17. 1段階法(オールイン法)は 何ですか?

이치단카이호우(오-루인호우)와 난데스카?

1단계법(올인법)은 무엇입니까?

はい、1段階法は すべての 材料と 乳化剤、気泡剤を まとめて
入れて 生地を 作る 方法です。

하이, 이치 단카이호우와 스베테노 자이료우토 뉴우카자이 키호우자이오 마토메테 이레테 키지오 쯔쿠루
호우호우데스.

네, 1단계법은 모든 재료와 유화제, 기포제를 한꺼번에 넣고 반죽을 만드는 방법입니다.

18. 1段階法の 長点は 何ですか?

이치단카이호우노 죠우텐와 난데스카?

1단계법의 장점은 무엇입니까?

はい、1段階法の 長点は 製造 工程が 簡単で 製品の 失敗率が 低いです。

하이, 이치단카이호우노 죠우텐와 세이조우 코우테이가 칸탄데 세이힝노 싯파이리쯔가 히쿠이데스.

네, 1단계법의 장점은 제조공정이 간단하고 제품의 실패율이 낮습니다.

19. 1段階法の 短点は 何ですか?

이치단카이호우노 탄텐와 난데스카?

1단계법의 단점은 무엇입니까?

はい、1段階法の 短点は 乳化剤、気泡剤の 2、3パーセントを 使うことです。

하이, 이치단카이호우노 탄텐와 뉴우카자이, 키호우자이노 니, 산 파-센토오 쯔카우 코토데스.

네, 1단계법의 단점은 유화제, 기포제 2~3%를 사용하는 것입니다.

20. シフォン法は 何ですか?

시훤호우와 난데스카?

시퐁법은 무엇입니까?

はい、シフォン法は 卵白の メレンゲで かさばらせ、卵黄は 泡立てる ことなく 混ぜて 作ります。

하이, 시훤호우와 란파쿠노 메렌게데 카사바라세, 란오우와 아와다테루 코토 나쿠 마제테 쯔쿠리마스.

네, 시퐁법은 흰자의 머랭으로 부피 증가시켜 노른자는 거품을 내지 않고 섞어서 만듭니다.

21. メレンゲ法は 何ですか?

메렌게호우와 난데스카?

머랭법은 무엇입니까?

はい、メレンゲ法は 卵白を 泡立てで 小麦粉、アーモンドの 粉末を 混ぜて 作ります。

하이, 메렌게호우와 란파쿠오 아와다테데 코무기코, 아-몬도노 훈마쯔오 마제테 쯔쿠리마스.

네, 머랭법은 흰자를 거품을 올려 밀가루, 아몬드 분말을 섞어 만듭니다.

22. スポンジケーキの 作りの 重要 事項は 何が ありますか?

스폰지케-키노 쯔쿠리노 쥬우요우 지코우와 나니가 아리마스카?

스펀지케이크의 만들기의 중요사항은 무엇이 있습니까?

はい、スポンジケーキ 作りの 大切なのは 材料の 混ぜ合わせと 生地の 温度です。

하이, 스폰지케-키 쯔쿠리노 타이세쯔나노와 자이료우노 마제아와세토 키지노 온도데스.

네, 스펀지케이크의 만들기의 중요사항은 재료 혼합과 반죽 온도입니다.

23. スポンジケーキの 混合 順序は 何ですか?

스폰지케-키노 콘고우 쥰죠와 난데스카?

스펀지케이크의 혼합순서는 무엇입니까?

はい、スポンジケーキの 混合 順序は 卵、砂糖、小麦粉、バター、牛乳の 順序です。

하이, 스폰지케-키노 콘고우 쥰죠와 타마고, 사토우, 코무기코, 바타-, 규우뉴우노 쥰죠데스.

네, 스펀지케이크의 혼합순서는 달걀, 설탕, 밀가루, 버터, 우유의 순서입니다.

24. スポンジケーキ生地の 温度は 何度ですか?

스폰지케-키 키지노 온도와 난도데스카?

스펀지케이크의 반죽 온도는 몇도 입니까?

はい、スポンジケーキの 生地の 温度は 24℃です。

하이, 스폰지케-키노 키지노 온도와 니쥬우욘도 데스.

네, 스펀지케이크의 반죽 온도는 24℃입니다.

25. スポンジケーキの パンニング 方法は 何が ありますか?

스폰지케-키노 판닝구 호우호우와 니니기 아리마스카?

스펀지케이크의 팬닝 방법은 무엇이 있습니까?

はい、スポンジケーキの パンニング方法は 丸鉄板、角鉄板、シート状に 絞り 方法が あります。

하이, 스폰지케-키노 판닝구 호우호우와 마루텐팡, 카쿠텐판, 시-토죠우니 시보리 호우호우가 아리마스.

네, 스펀지케이크의 팬닝 방법은 원형팬, 사각팬, 시트상으로 짜는 방법이 있습니다.

26. スポンジ・ケーキ 焼きは どの ように しますか?

스폰지 케-키 야키와 도노 요우니 시마스카?

스펀지케이크 굽기는 어떻게 합니까?

はい、スポンジケーキは 型焼き 鉄板に 絞って 焼きが あります。

하이, 스폰지케-키와 카타야키, 텟판니 시봇데 야키가 아리마스.

네, 스펀지케이크는 팬 굽기, 철판에 짜서 굽기가 있습니다.

27. スポンジケーキの 焼き 方は 何が ありますか?

스폰지케-키노 야키카타와 나니가 아리마스카?

스펀지케이크의 굽기 방법은 무엇이 있습니까?

はい、スポンジケーキの 焼き方は 焼き時間、焼き温度、シートの 厚みに よって 変わります。

하이, 스폰지케-키노 야키카타와 야키지칸, 야키온도, 시-토노 아쯔미니 욧테 카와리마스.

네, 스펀지케이크의 굽기 방법은 굽기 시간, 굽기 온도, 시트 두께에 따라 달라집니다.

28. スポンジケーキの 応用は 何が ありますか?

스폰지케-키노 오우요우와 나니가 아리마스카?

스펀지케이크의 응용은 무엇이 있습니까?

はい、スポンジケーキの 応用範囲は 型焼き、シート状 焼き、絞り焼きが あります。

하이, 스폰지케-키노 오우요우와 카타 야키, 시-토죠우 야키, 시보리 야키가 아리마스.

네, 스펀지케이크의 응용범위는 틀에 굽기, 시트상 굽기, 짜서 굽기가 있습니다.

第6課
だい　　　か

ロールケーキ、シフォンケーキは
何ですか?
なん

로-루케-키, 시혼케-키와 난데스카?

롬케이크, 시폰케이크는 무엇입니까?

第6課

ロールケーキ、シフォンケーキは 何ですか?
로-루케-키, 시혼케-키와 난데스카?
롤케이크, 시폰케이크는 무엇입니까?

---

01. ロールケーキは 何ですか?
로-루케-키와 난데스카?
롤케이크는 무엇입니까?

はい、ロールケーキは スポンジケーキに クリーム、ジャムを 塗り、丸い 状態で 巻いた ケーキです。
하이, 로-루케-키와 스폰지케-키니 쿠리-무, 쟈무오 누리, 마루이 죠우타이데 마이타 케-키데스.
네, 롤케이크는 스펀지케이크에 크림, 잼을 발라 둥근 상태로 말은 케이크입니다.

02. ロールケーキの 種類は 何が ありますか?
로-루케-키노 슈루이와 나니가 아리마스카?
롤케이크의 종류는 무엇이 있습니까?

はい、ロールケーキの 種類は ロールケーキ、生クリームロールケーキ、チョコレートロールケーキ、紅茶ロールケーキ、抹茶ロールケーキが あります。
하이, 로-루케-키노 슈루이와 로-루케-키, 나마쿠리-무로-루케-키, 초코레-토로-루케-키, 코우챠 로-루케-키, 맛챠로-루케-키가 아리마스.
네, 롤케이크의 종류는 롤케이크, 생크림 롤케이크, 초콜릿 롤케이크, 홍차 롤케이크, 녹차 롤케이크가 있습니다.

ロールケーキの 種類
로-루케-키노 슈루이

롤케이크의 종류

ロールケーキ 로-루케-키	生クリームロー ルケーキ 나마쿠리-무로-케-키	チョコレートロー ルケーキ 초코레-토로-케-키	紅茶ロールケーキ 코우챠로-루케-키	抹茶ロールケーキ 맛챠로-루케-키
롤케이그	생그림 롤케이크	초콜릿 롤케이크	홍차 롤케이크	말차 롤케이크

03. ロールケーキの 配合表
로-루케-키노 하이고우효우

롤케이크의 배합표

順序 쥰죠 순서	材料 자이료우 재료	配合比率(%) 하이고우 히리쯔 배합 비율(%)	配合量(g) 하이코우료우 배합량(g)
1	卵 타마코 달걀	100 햐쿠	100 햐쿠
2	砂糖 사토우 설탕	100 햐쿠	100 햐쿠
3	薄力粉 하쿠리키코 박력분	60 로큐쥬우	60 로큐쥬우
4	バニラ 바니라 바닐라	0.5 레이덴고	2.5 니텐고
5	水 미즈 물 (牛乳 규우뉴우 우유)	5 고	25 니쥬우고
6	バター 바타- 버터	10 쥬우	50 고쥬우
合計 코우게이 합계	-	166.5% 햐쿠로쿠쥬우로쿠텐고	337.5g 산햐쿠사쥬우나나텐고

04. ロールケーキを 作る 順番は 何ですか?

로-루케-키오 쯔쿠루 쥰방와 난데스카?

롤케이크를 만드는 순서는 무엇입니까?

はい、ロールケーキを作る 順番は 材料 計量→ 卵の 泡立ち→ 小麦粉混ぜ→ バター混ぜ→ パンニング→ 焼き→ 巻きです。

하이, 로-루케-키오 쯔쿠루 쥰방와 자이료우 케이료우→ 타마고노 아와다치→ 코무기코 마제→ 바타- 마제→ 판닌구→ 야키→ 맛키데스.

네, 롤케이크를 만드는 순서는 재료계량→ 달걀 거품 올리기→ 밀가루 섞기→ 버터 섞기→ 팬닝→ 굽기→ 말기입니다.

05. ロールケーキの 製造 時の 注意点は 何ですか?

로-루케-키노 세이조우 토키노 쥬우이텐와 난데스카?

롤케이크의 제조 시 주의점은 무엇입니까?

はい、ロールケーキの 製造 時の 注意点は 焼きと 巻きです。

하이, 로-루케-키노 세이조우 토키노 쥬우이텐와 야키토 맛키데스.

네, 롤케이크의 제조 시 주의점은 굽기와 말기입니다.

06. ロールケーキの 焼きの 注意点は 何ですか!

로-루케-키노 야키노 쥬우이텐와 난데스카?

롤케이크의 굽기의 주의점은 무엇입니까?

はい、ロールケーキの 焼き上がりの 注意点は オーバーベーキング、アンダーベーキングです。

하이, 로-루케-키노 야키아가리노 쥬우이텐와 오-바-베-킨구, 안다-베-킨구데스.

네, 롤케이크의 굽기의 주의점은 오버 베이킹, 언더 베이킹입니다.

07. ロールケーキの 巻きの 注意点は 何が 有りますか?

로-루케-키노 마키노 쥬우이텐와 나니가 아리마스카?

롤케이크의 말기의 주의점은 무엇이 있습니까?

はい、ロールケーキの 巻きの 注意点は 継ぎ目の 部分が 底になる
ように 巻いて くれる ことです。

하이, 로-루케-키노 맛키노 쥬우이텐와 쯔기메노 부분가 소코니 나루요우니 마이테쿠레루 코토데스.

네, 롤케이크의 말기의 주의점은 이음새 부분이 밑바닥에 가도록 말아주는 것입니다.

08. ロールケーキの 割れ 防止 方法は 何が 有りますか?

로-루케-키노 와레 보우시 호우호우와 나니가 아리마스카?

롤케이크의 터짐 방지 방법은 무엇이 있습니까?

はい、ロールケーキの 割れ 防止 方法は 水あめの 添加、卵の
増加、膨張の 減少です。

하이, 로-루케-키노 와레 보우시 호우호우와 미즈아메노 텐카, 타마고노 죠우카, 보우죠우노 겐쇼우데스.

네, 롤케이크의 터짐 방지 방법은 물엿 첨가, 달걀 증가, 팽창감소입니다.

09. ロールケーキの 湿りを 防ぐ 方法は 何が ありますか?

로-루케-키노 시메리오 후세구 호우호우와 나니가 아리마스카?

롤케이크의 축축함 방지 방법은 무엇이 있습니까?

はい、ロールケーキの 湿りを 防ぐ 方法は 水分補給、焼き減少が 有ります。

하이, 로-루케-키노 시메리오 후세구 호우호우와 스이분호큐우, 야키겐소우가 아리마스.

네, 롤케이크의 축축함 방지 방법은 수분 감소, 굽기 감소가 있습니다.

10. ロールケーキの 焼き 注意点は 何が ありますか?

로-루케-키노 야키 쥬우이텐와 나니가 아리마스카?

롤케이크의 굽기 주의점은 무엇이 있습니까?

はい、ロールケーキの の 注意点は オーブンの 温度、焼き時間が あります。

하이, 로-루케-키노 야키 카겐노 쥬우이텐와 오-분노 온도, 야키지칸가 아리마스.

네, 롤케이크의 굽기 공정의 주의점은 오븐 온도, 굽는 시간이 있습니다.

11. チョコレート ロールケーキは 何ですか?

초코레-토 로-루케-키와 난데스카?

초콜릿 롤케이크는 무엇입니까?

はい、チョコレートロールケーキは チョコレート、ココアパウダーを 入れ
て 作った 物です。

하이, 초코레-토 로-루케-키와 초코레-토, 코코아파우다-오 이레테 쯔쿳타 모노데스.

네, 초콜릿 롤케이크는 초콜릿, 코코아 파우더를 넣어 만든 것입니다.

12. チョコレート ロールケーキの 配合表

초코레-토로-루케-키노 하이고우효우

초콜릿 롤케이크의 배합표

順序 쥰죠 순서	材料 자이료우 재료	配合 比率(%) 하이고우 히리쯔 배합 비율(%)	配合量(g) 하이코우료우 배합량(g)
1	卵 타마코 달걀	100 햐쿠	100 햐쿠
2	砂糖 시토? 설탕	50 고쥬우	50 고쥬우
3	薄力粉 하쿠리키코 박력분	35 산쥬우고	35 산쥬우고
4	ココアパウダー 코코아파우다- 코코아 파우더	5 고	5 고
5	牛乳 규우뉴우 우유	7 나나	7 나나
6	バター 바타- 버터	10 쥬우	10 쥬우
7	バニラ 바니라 바닐라	0.05 레이텐레이고	0.05 레이텐레이고
合計 코우게이 합계	-	202.05% 니햐쿠니텐고	202.05g 니햐쿠니텐고

13. チョコレート ロールケーキを 作る 順番は 何ですか?

초코레-토로-루케-키오 쯔쿠루 쥰방와 난데스카?

초콜릿 롤케이크를 만드는 순서는 무엇입니까?

はい、チョコレートロールケーキを作る 順番は 卵の 泡立ち→ 湯煎→ 泡立ち→ 小麦粉、バター混ぜ→ パンニングする→ 焼き→ 巻き → チョコレートコーティング→ 製品 切り→ 仕上げです。

하이, 초코레-토로-루케-키오 쯔쿠루 쥰방와 타마고노 아와다치→ 유센 → 아와다치→ 코무기코 바타-마제 → 판닌구스루→ 야키→ 맛키→ 초코레-토 코-틴구→ 세이힝키리→ 시아게데스.

네, 초콜릿 롤케이크를 만드는 순서는 달걀 거품 올리기→ 중탕하기 →거품 올리기→ 밀가루, 버터 섞기→ 팬닝 하기→ 굽기→ 말기→ 초콜릿 코팅→ 제품 자르기→ 마무리 입니다.

14. シフォンケーキは 何ですか?

시횬케-키와 난데스카?

시폰케이크는 무엇입니까?

はい、シフォンケーキは 卵白を 泡立てて 柔らかく 焼き上げた ケーキです。

하이, 시횬케-키와 란파쿠오 아와디데테 야와라카쿠 야키아게타 케-키데스.

네, 시폰케이크는 달걀흰자를 거품을 올려 부드럽게 구워낸 케이크입니다.

15. シフォンケーキ 配合表

시횬케-키 하이고우효우스

시폰케이크의 배합표

順序 쥰죠 순서	材料 자이료우 재료	配合 比率(%) 하이고우 히리쯔 배합 비율(%)	配合量(g) 하이코우료우 배합량(g)
1	卵白 란바쿠 달걀흰자	100 하쿠	100 하쿠
2	砂糖 사토우 설탕	30~42 산쥬우~욘쥬우니	30~42 사쥬우~욘쥬우니

3	塩 시오 소금	0.5 레이텐고	0.5 레이텐고
4	酒石酸 슈세키산 주석산	0.5 레이텐고	0.5 레이텐고
5	薄力粉 하쿠리키코 박력분	15~18 쥬우고~쥬우하치	15~18 쥬우고~쥬우하치
6	バター 바타- 버터	33 산쥬우산	33 산쥬우산
合計 코우게이 합계	-	179~194% 하쿠나나쥬우규우~ 하쿠큐우쥬우욘	179~194g 하쿠나나쥬우규우~ 하쿠큐우쥬우욘

16. シフォンケーキの 材料は 何が ありますか?

시횐케-키노 자이료우와 나니가 아리마스카?

시폰케이크의 재료의 종류는 무엇이 있습니까?

はい、シフォンケーキの 材料の 種類は 薄力粉、でんぷん、卵白、砂糖、酒石酸、塩、オレンジピール、レモン汁、ナッツ、香料が あります。

하이, 시횐케-키노 자이료우노 슈루이와 하쿠리키코, 덴푼, 란바쿠, 사토우, 슈세키산, 시오, 오렌지피-루, 레몬지루, 낫쯔, 코우료우가 아리마스.

네, 시폰케이크의 재료의 종류는 박력분, 전분, 흰자, 설탕, 주석산, 소금, 오렌지필, 레몬즙, 견과류, 향료가 있습니다.

17. シフォンケーキの 材料の 役割は 何ですか?

시횐케-키노 자이료우노 야쿠와리와 난데스카?

시폰케이크의 재료의 역할은 무엇입니까?

はい、シフォンケーキの 材料の 役割は 薄力粉は 骨格 形成、デンプンは やわらかさ、卵白は 泡立ち 形成と 水分 付与、砂糖は 甘味と 気泡の 形成、酒石酸と 塩は 気泡 安定、オレンジピール、レモン汁、ナッツや 香料

は 味を 高める 役割を 果たします。

하이, 시원케-키노 자이료우노 야쿠와리와 하쿠리코와 콧카쿠 케이세이, 덴푼와 야와라카사, 란바쿠와 아와다치 케이세이토 스이분 후요, 사토우와 아마미토 키호우노 케이세이, 슈세키산토 시오와 키호우 안테이, 오렌지피-루, 레몬시루, 낫쯔야 코우료우와 아지오 타카메루 야쿠와리오 하타시마스.

네, 시폰케이크의 재료의 역할은 박력분 골격형성, 전분은 부드러움, 흰자는 거품 형성과 수분 부여, 설탕은 단맛과 기포의 형성, 주석산과 소금은 기포 안정, 오렌지 필, 레몬즙, 견과류와 향료는 맛을 향상하는 역할을 합니다.

18. シフォンケーキを 作る 順番は 何ですか?

시원케-키오 쯔쿠루 쥰방와 난데스카?

시폰케이크를 만드는 순서는 무엇입니까?

はい、シフォンケーキを 作る 順番は 卵白の 泡立ち→ 小麦粉混ぜ→ バター混ぜ→ パンニング→ 焼きです。

하이, 시원케-키오 쯔쿠루 쥰방와 란바쿠노 아와다치→ 코무기코 마제 → 바타- 마제 → 판닝구→ 야키데스.

네, 시폰케이크를 만드는 순서는 흰자의 거품 올리기→ 밀가루 섞기→ 버터 섞기→ 팬닝→ 굽기입니다.

19. シフォンケーキの パンニングの 注意点は 何が 有りますか?

시원케-키노 판닝구노 쥬우이텐와 나니가 아리마스카?

시폰케이크의 팬닝 주의점은 무엇이 있습니까?

はい、シフォンケーキの パンニングの 注意点は 型内部に 水、バター塗り を した 後、型の 60から70パーセントの 生地を 入れる ことです。

하이, 시원케-키노 판닝구노 쥬우이텐와 카타 나이부니 미즈, 바타-누리오 시타 아토, 카타노 로쿠쥬우 카라 나나쥬우 파-센토노 키지오 이레루 코토데스.

네, 시폰케이크의 팬닝 주의점은 팬 내부에 물칠, 버터 칠을 한 후 팬의 60~70%의 반죽을 넣는 것입니다.

20. シフォンケーキの 焼きの 注意点は 何ですか?

시원케-키노 야키 쥬우이텐와 난데스카?

시폰케이크의 굽기의 주의점은 무엇입니까?

はい、焼きの 注意点は 温度 160~180℃、焼き時間 40~45分(30~45分)、焼き 終わったら すぐ 型を ひっくり返して 冷やす ことです。

하이, 야키노 쥬우이텐와 온도 햐쿠로쿠쥬우~햐쿠하치쥬우, 야키지칸 욘쥬우~욘쥬우고 분(산쥬우 욘쥬우고 분) 야키오왓타라 스구 카타오 힛쿠리카에시테 히야스 코토데스.

네, 굽기의 주의점은 온도 160~180℃, 굽는 시간 40~45분(30~45분), 구운 후 바로 틀을 뒤집어 식히는 것입니다.

第7課
だい か

カステラ、メレンゲ、マカロン
何ですか?
なん

카스테라, 메렌게, 마카론와 난데스카?
카스테라, 머랭, 마카롱은 무엇입니까?

カステラ、メレンゲ、マカロン 何ですか?

카스테라, 메렌게, 마카론와 난데스카?

카스테라, 머랭, 마카롱은 무엇입니까?

01. カステラは 何ですか?

카스테라와 난데스카?

카스테라는 무엇입니까?

はい、カステラは スポンジケーキの 製造を 変形して、柔らかく 栄養価の 高い ケーキです。

하이, 카스테라와 스폰시케-키노 세이조우쿄 헨케이시테 야와라기쿠 에이오우카노 타카이 케-키데스.

네, 카스테라는 스펀지케이크의 제조를 변형하여 부드럽고 영양가 높게 만든 케이크입니다.

02. カステラの 歴史は 何ですか?

카스테라노 레키시와 난데스카?

카스테라의 역사는 무엇입니까?

はい、カステラは スペイン地方の 名前で 日本の 長崎で 開発されました。

카스테라와 스페인치호우노 나마에데 니혼노 나카사키데 카이하쯔 사레마시타.

네, 카스테라는 스페인 지방의 이름으로 일본의 나카사키에서 개발되었습니다.

03. カステラの 特徴は 何ですか?

카스테라노 토쿠쵸우와 난데스카?

카스테라의 특징은 무엇입니까?

はい、カステラの 特徴は 商品の 内面の 細かい 食感、しっとり感があり、栄養価が 高いです。

하이, 카스테라노 토쿠쵸우와 쇼우힝노 나이멘노 코마카이 쇼칸, 싯토리 칸가 아리, 에이요우카가 타카이데스.

네, 카스테라의 특징은 제품 내상의 결이 곱고 부드러운 식감, 촉촉함, 영양가가 높습니다.

04. カステラの 配合表

카스테라노 하이고우효우

카스테라의 배합표

順序 준죠 순서	材料 자이료우 재료	配合 比率(%) 하이고우 히리쯔 배합 비율(%)	配合量(g) 하이코우료우 배합량(g)
1	卵 타마코 달걀	100 하쿠	500 고햐쿠
2	砂糖 사토우 설탕	50 고쥬우	250 니햐쿠고쥬우
3	水飴 미쯔아메 물엿 (蜂蜜 하치미쯔 꿀)	33 산쥬우산	155 햐쿠고쥬우고
4	水 미즈 물	9 큐우	45 욘쥬우고
5	砂糖 사토우 설탕	50 고쥬우	250 니햐쿠고쥬우
6	蜂蜜 하치미쯔 꿀	15 쥬우고	75 나나쥬우고
7	味醂 미린 미링	9 큐우	45 욘쥬우고

8	薄力粉 하쿠리키코 박력분	50 고쥬우	250 니햐쿠고쥬우
合計 코우게이 합계	-	316% 산바큐우쥬우로쿠	1,580g 센고햐쿠하치쥬우

05. カステラを 作る 順番は 何ですか?

카스테라오 쯔쿠루 쥰방와 난데스카?

카스테라 만드는 순서는 무엇입니까?

はい、カステラの 作る 順番は 卵の 泡立ち→ 水と 小麦粉を 混ぜる→ パンニング→ 焼き→ 3回 泡抜き→ 切り 込み→ 型抜きです。

하이, 카스테라노 쯔쿠루 쥰방와 타마고노 아와다치→ 미즈토 코무기코오 마제루→ 판닝구→ 야키→ 산카이 아와 누키→ 키리코미→ 카타누키데스.

네, 카스테라 만드는 순서는 달걀 거품 올리기→ 물과 밀가루 섞기→ 팬닝→ 굽기→ 3차례 거품 제거→ 칼집 내기 → 틀 제거입니다.

06. カステラの 長点は 何ですか?

카스테라노 쵸우텐와 난데스카?

카스테라의 장점은 무엇입니까?

はい、カステラの 長点は 製品が 柔らかくて 高級です。

하이, 카스테라노 쵸우텐와 세이힝가 야와라카쿠테 코우큐우데스.

네, 카스테라의 장점은 제품이 부드럽고 고급스럽습니다.

07. カステラの 短点は 何ですか?

카스테라노 탄텐와 난데스카?

카스테라의 단점은 무엇입니까?

はい、カステラの 短点は 製造 時間と 工程が 長くなります。

하이, 카스테라노 탄텐와 세이조우 지칸토 코우테이가 나가쿠 나리마스.

네, 카스테라의 단점은 제조 시간과 공정이 길게 됩니다.

08. カステラを 作る 順番は 何ですか?

카스테라오 쯔쿠루 쥰방와 난데스카?

카스테라를 만드는 순서는 무엇입니까?

はい、カステラを 作る 順番は 生地ミキシング→ パンニング→ 泡取り→ 焼きです

하이, 카스테라오 쯔쿠루 쥰방와 키지미키싱구→ 판닌구→ 아와토리 → 야키데스.

네, 카스테라를 만드는 순서는 반죽 믹싱→ 팬닝→ 거품 제거하기→ 굽기입니다.

09. カステラの 泡は 何回 除去を しますが?

카스테라노 아와와 난카이 죠쿄오 시마스카?

카스테라의 거품은 몇 차례를 제거합니까?

はい、カステラの 泡は 1次、2次、3次を 取り除いて 生地の 中の 気泡を 細分化します。

하이, 카스테라노 아와와 이치지, 니기, 산지오 토리노조이테 키지노 나카노 키호우오 사이분카시마스.

네, 카스테라의 거품은 1차, 2차, 3차를 제거하여 반죽 안의 기포를 세분화합니다.

10. カステラ 生地の 泡を 取り除く 理由は 何ですか?

카스테라 키지노 아와오 토리노조쿠 리유우와 난데스카?

카스테라 반죽의 거품을 제거하는 이유는 무엇입니까?

はい、泡の 除去は カステラの 内相に 細かい 気功と 柔らかさを 作り出すためです。

하이, 아와노 죠쿄와 카스테라노 나이쇼우니 코마카이 키코우토 야와라카사오 쯔쿠리다스 타메데스.

네, 거품의 제거는 카스테라의 내상에 조밀한 기공과 부드러움을 만들어 내기 위해서입니다.

11. メレンゲは 何ですか?

메렌게와 난데스카?

머랭은 무엇입니까?

はい、メレンゲは 卵白に 砂糖を 入れて 泡立てた 物です。

하이, 메렌게와 란바쿠니 사토우오 이레테 아와다테타 모노데스.

네, 머랭은 흰자에 설탕을 넣고 거품을 올린 것입니다.

12. メレンゲの 材料は 何ですか?

메렌게노 자이료우와 난데스카?

머랭의 재료는 무엇입니까?

はい、メレンゲの 材料は 卵白と 砂糖です。

하이, 메렌게노 자이료우와 란바쿠토 사토우데스.

네, 머랭의 재료는 흰자와 설탕입니다.

13. メレンゲの 種類は 何が ありますか?

메렌게노 슈루이와 나니가 아리마스카?

머랭의 종류는 무엇이 있습니까?

はい、メレンゲの 種類は 製造 工程に よって 冷たい メレンゲ、温かい メレンゲ、イタリアン メレンゲの 3種類が あります。

하이, 메렌게노 슈루이와 세이조우 코우테이니 욧테, 쯔메타이 메렌게, 아타타카이 메렌게, 이타리안 메렌게노 산슈루이가 아리마스.

네, 머랭의 종류는 제조공정에 따라 차가운 머랭, 따뜻한 머랭, 이탈리안 머랭 3가지가 있습니다.

14. メレンゲの 科学は 何ですか?

메렌게노 카가쿠와 난데스카?

머랭의 과학은 무엇입니까?

はい、メレンゲの 科学は 卵白の 泡立ちを 生かす ことです。
하이, 메렌게노 카가쿠와 란파쿠노 아와다치오 이카스 코토데스.
네, 머랭의 과학은 흰자의 거품성을 살리는 것입니다.

15. 卵白の 気泡性を 高める 材料は 何が ありますか?
란파쿠노 키호우세이오 타카메루 자이료우와 나니가 아리마스카?
흰자의 기포성을 높이는 재료는 무엇이 있습니까?

はい、卵白の 気泡性を 高める 材料は クリムタータ、レモン汁、酢、塩が あります。
하이, 란바쿠노 키호우세이오 타카메루 자이료우와 쿠리무타-타, 레몬시루, 스, 시오가 아리마스.
네, 흰자의 기포성을 높이는 재료는 크림타타(주석산칼륨), 레몬즙, 식초, 소금이 있습니다.

16. メレンゲを 作る 方法は 何が ありますか?
메렌게오 쯔쿠루 호우호우와 나니가 아리마스카?
머랭을 만드는 방법은 무엇이 있습니까?

はい、メレンゲの 作り方は 冷たい メレンゲ、熱い メレンゲ、イタリアン メレンゲの 3種類が あります。
하이, 메렌게노 쯔쿠리카타와 쯔메타이 메렌게, 아쯔이 메렌게, 이타리안 메렌게노 산 슈루이가 아리마스.
네, 머랭을 만드는 방법은 차가운 머랭, 뜨거운 머랭, 이탈리아 머랭의 3가지가 있습니다.

メレンゲ 配合表
메렌게 하이고우효우

머랭 배합표

順序 준죠 순서	メレンゲ 種類 메렌게 슈루이 머랭 종류	卵白 配合 란바쿠 하이코우 흰자 배합(g)	砂糖 配合 사토우 하이코우 설탕 배합(g)
1	冷たい メレンゲ 쯔메타이 메렌게 차가운 머랭	100 하쿠	200 니햐쿠

2	熱い メレンゲ 아타타카이 메렌게 **따뜻한 머랭**	100 햐쿠	280 니햐쿠하치쥬우	
3	イタリアン メレンゲ 이탈리안 메렌게 **이탈리안 머랭**	100 햐쿠	砂糖 사토우 설탕 200 니햐쿠	
			水 미즈 물 60 로큐쥬우	

17. メレンゲの 組み合わせは 何ですか?
메렌게노 쿠미 아와세와 난데스카?
머랭의 조합은 무엇입니까?

はい、メレンゲの 組み合わせは 生地と クリームの バランスで 味と香りが つきます。
하이, 메렌게노 쿠미 아와세와 키지토 쿠리-무노 바란스데 아지토 카오리가 쯔키마스.
네, 머랭의 조합은 반죽, 크림의 조화로 맛과 향을 냅니다.

18. メレンゲを 作る 副材料は 何が ありますか?
메렌게오 쯔쿠루 후쿠자이료우와 나니가 아리마스카?
머랭을 만드는 부재료는 무엇이 있습니까?

はい、メレンゲを 作る 副材料は 香料、コーヒー、チョコレート、ココア、プラリーネ、洋酒、果汁、シロップ、ピューレ、ジャムが あります。
하이, 메렌게오 쯔쿠루 후쿠자이료우와 코우료우, 코-히-, 초코레-토, 코코아, 푸라리-네, 요우슈, 카쥬우, 시롯푸, 퓨-레, 쟈무가 아리마스.
네, 머랭을 만드는 부재료는 향료, 커피, 초콜릿, 코코아, 프랄리네, 양주, 과즙, 시럽, 퓨레, 잼이 있습니다.

19. マカロンは 何ですか?
마카론와 난데스카?
마카롱은 무엇입니까?

はい、マカロンは 丸く 絞って クリーム、ジャム、ガナッシュを 詰めた クッキーです。

하이, 마카론와 마루쿠 시봇테 쿠리-무, 쟈무, 가낫슈오 쯔메타 쿳키-데스.

네, 마카롱은 둥그렇게 짜서 크림, 잼, 가나슈를 채운 쿠키입니다.

20. マカロンの 基本 材料は 何が ありますか?

마카론노 키혼 지이료우와 나니가 아리마스카?

마카롱의 기본 재료는 무엇이 있습니까?

はい、マカロンの 基本 材料は アーモンド粉末、卵白、砂糖が あります。

하이, 마카론노 키혼 자이료우와 아-몬도 훈마쯔, 란바쿠, 사토가 아리마스.

네, 마카롱의 기본 재료는 아몬드 분말, 흰자, 설탕이 있습니다.

21. マカロン 材料の 役割は 何ですか?

마카론 자이료우노 야쿠와리와 난데스카?

마카롱 재료의 역할은 무엇입니까?

はい、マカロンの 材料の 役割は 卵白は 泡、アーモンド粉末は 骨格の 形成、砂糖は 甘みや 卵白の 泡を しっかりと します。

하이, 마카론노 자이료우노 야쿠와리와 란파쿠와 아와, 아-몬도훈마쯔와 콧카쿠노 케이세이, 사토우와 아마미야 란파쿠노 아와오 싯카리토 시마스.

네, 마카롱의 재료의 역할은 흰자는 거품, 아몬드 분말은 골격의 형성, 설탕은 단맛과 흰자의 거품을 튼튼하게 합니다.

22. マカロンを 作る 手順は 何ですか?

마카론오 쯔쿠루 테쥰와 난데스카?

마카롱을 만드는 순서는 무엇입니까?

はい、マカロンを 作る 順番は 卵白の 泡立ち→ 生地 混ぜ→ 成形→ 焼きです。

하이, 마카론오 쯔쿠루 쥰방와 란바쿠노 아와다치→ 키지 마제→ 세이케이→ 야키데스.

네, 마카롱을 만드는 순서는 흰자의 거품 올리기→ 반죽 섞기→ 성형→ 굽기입니다.

23. マカロンの 種類は 何が ありますか?

마카론노 슈루이와 아리마스카?

마카롱의 종류는 무엇이 있습니까?

はい、マカロンの 種類は かための マカロン、やわらかな マカロンが あります。

하이, 마카론노 슈루이와 카타메노 마카론, 야와라카나 마카론가 아리마스.

네, 마카롱의 종류는 딱딱한 마카롱, 부드러운 마카롱이 있습니다.

24. 硬い マカロンは 何ですか?

카타이 마카론와 난데스카?

딱딱한 마카롱은 무엇입니까?

はい、硬い マカロンは 砂糖が 多く、水分は 卵白だけを 使って 作ります。

하이, 카타이 마카론와 사토우가 오오쿠, 스이분와 란바쿠다케오 쯔캇테 쯔쿠리마스.

네, 딱딱한 마카롱은 설탕이 많고 수분은 흰자만 사용하여 만듭니다.

25. 硬い マカロン配合表

카타이 마카론 하이고우효우

딱딱한 마카롱 배합표

順序 쥰죠 순서	材料 자이료우 재료	配合 比率(%) 하이고우 히리쯔 배합 비율(%)	配合量(g) 하이코우료우 배합량(g)
1	アーモンド粉末 아-몬드훈마쯔 아몬드 분말	100 햐쿠	100 햐쿠
2	砂糖 사토우 설탕	150~300 햐큐고쥬우~산바쿠	150~300 햐큐고쥬우~산바쿠
3	卵白 란바쿠 흰자	60~100 로큐쥬우~햐쿠	60~100 로큐쥬우~햐쿠
合計 코우게이 합계	-	310~500% 산바큐쥬우~고햐쿠	310~500g 산바큐쥬우~고햐쿠

26. 柔らかい マカロンは 何ですか?

야와라카이 마카론와 난데스카?

부드러운 마카롱은 무엇입니까?

はい、柔らかい マカロンは 卵白、卵、卵黄、バター、生クリーム、はちみつを 入れた 高級な マカロンです。

하이, 야와라카이 마카론와 란바쿠, 타마고, 란오우, 바타-, 나마쿠리-무, 하치미쯔오, 이레타 코우큐우나 마카론데스.

네, 부드러운 마카롱은 흰자, 달걀, 노른자, 버터, 생크림, 꿀을 넣은 고급적인 마카롱입니다.

27. マカロンの 配合、製法、調和、光沢に よって 何が 変わりますか?

마카론노 하이고우, 세이호우, 죠우와, 코우타쿠니 욧테 나니가 카와리마스카?

마카롱의 배합, 제법, 조화, 광택에 따라 무엇이 달라집니까?

はい、マカロンの 配合、製法、調和、光沢に よって、製造過程、口の 中の 食感が 変わって きます。

하이, 마카론노 하이고우, 세이호우, 죠우와, 코우타쿠니 욧테, 세이조우카테이, 쿠치노 나카노 쇼칸가 카왓테키마스.

네, 마카롱의 배합, 제법, 조화, 광택에 따라 제조과정, 입안의 식감이 달라집니다.

バターケーキ(Butter cake)は
何ですか?
なん

바타ー케ー키와 난데스카?

버터케이크(Butter cake)는 무엇입니까?

第8課

バターケーキ(Butter cake)は 何ですか?
바타-케-키와 난데스카?
버터케이크는 무엇입니까?

01. バターケーキ(Butter cake)は 何ですか?
바타-케-키와 난데스카?

버터케이크는 무엇입니까?

はい、バターケーキは 油脂に 砂糖、卵を 入れ、泡立てて 作ったケーキです。
하이, 바타-케-키와 유시니 사토우, 타마고오 이레, 아와다테테 쯔쿳타 케-키데스.

네, 버터케이크는 유지에 석탕, 달걀을 넣고 거품 올려 만든 케이크입니다.

02. バターケーキの 歴史と 分類は 何が 有りますか?
바타-케-키노 레키시토 분루이와 나니가 아리마스카?

버터케이크의 역사와 분류는 무엇이 있습니까?

はい、バターケーキは 歴史的は イギリスで 始まっていて 配合
製法上の 2つの 分類が あります。
하이, 바타-케-키와 레키시테키와 이기리스데 하지맛테 이테, 하이코우, 세이호우죠우노 후타쯔노 분루이
가 아리마스.

네, 버터케이크는 역사는 영국에서 시작되었으며, 배합, 제법상의 2가지 분류가 있습
니다.

03. バターケーキの 配合^{はいごう}は どう なりますか?

바타-케-키노 하이고우와 도우 나리마스카?

버터케이크의 배합은 어떻게 됩니까?

はい、バターケーキの 配合^{はいごう}は 油脂^{ゆし}、砂糖^{さとう}、卵^{たまご}、小麦粉^{こむぎこ}の 4種類^{よんしゅるい}を 1^{いち}ポンド (454g)ずつ 入^いれて 作^{つく}ります。

하이, 바타-케-키노 하이고우와 유시, 사토우, 타마고, 코무기코 욘슈루이오 이치 폰도(욘햐쿠고쥬우욘 구라무)즈쯔 이레테 쯔쿠리마스.

네, 버터케이크의 배합은 유지, 설탕, 달걀, 밀가루의 4종류를 1파운드(454g)씩 넣어 만듭니다.

バターケーキの 配合^{はいごう}

바타-케-키노 하이고우

버터케이크의 배합

油脂^{ゆし}	砂糖^{さとう}	卵^{たまご}	小麦粉^{こむぎこ}
유시	사토우	타마코	코무키코
유지	설탕	달걀	밀가루

04. バターケーキの 配合^{はいごう}、製法^{せいほう} 分類^{ぶんるい}は 何^{なに}が 有^ありますか?

바타-케-키노 하이고우, 세이호우 분루이와 나니가 아리마스카?

버터케이크의 배합, 제법 분류는 무엇이 있습니까?

はい、バターケーキは 配合^{はいごう}は バターケーキ、フルーツケーキ、製法上^{せいほうじょう} クリーム法^{ほう}、ブレンド法^{ほう}、1段階法^{いちだんかいほう}が あります。

하이, 바타-케-키와 하이고우와 바타-케-키, 후루-쯔케-키, 세이호우죠우 쿠리-무호우, 부렌도호우, 이치 단카이호우가 아리마스.

네, 버터케이크는 배합은 버터케이크, 과일케이크, 제법상 크림법, 블랜딩법, 1단계법이 있습니다.

バターケーキの 配合、製法 分類
바타-케-키노 하이고우, 세이호우 분루이
버터케이크의 배합, 제법 분류

バターケーキ配合上 바타-케-키 하이고우쬬우 버터케이크 배합상	バターケーキ 스폰지케-키 버터케이크	パウンドケーキ 파운도케-키 파운드케이크	マーブルケーキ 마-부루케-키 마블케이크	フルーツケーキ 시원케-키 과일케이크
バターケーキ製法上 바타-케-키 세이호우쬬우 버터케이크 제법상	クリーム法 크리-무호우 크림법	ブレンド法 브렌도호우 블랜딩법	1段階法 이치 단카이호우 1단계법	- -
果物 バターケーキ 쿠타모노 바타-케-키 과일 버터케이크	フルーツケーキ 후루-쯔케-키 과일케이크	プラムケーキ 푸라무 케-키 자두케이크	チェリーケーキ 체리케-키 체리케이크	ダンディケーキ 단디케-키 단디케이크

05. バターケーキの 種類は 何が ありますか?
바타-케-키노 슈루이와 나니가 아리마스카?
버터케이크의 종류는 무엇이 있습니까?

はい、バターケーキの 種類は 通常の バターケーキと フルーツ 入りの バターケーキが あります。
하이, 바타-케-키노 슈루이와 쯔우죠우노 바타-케-키토 후루-쯔이리노 바타-케-키가 아리마스.
네, 버터케이크의 종류는 일반 버터케이크와 과일 첨가 버터케이크가 있습니다.

06. 果物が 入って いない バターケーキの 種類は 何が ありますか?
쿠다모노가 하잇테 이나이 바타-케-키노 슈루이와 나니가 아리마스카?
과일이 들어가지 않은 버터케이크의 종류는 무엇이 있습니까?

はい、果物が 入って いない バターケーキは パウンドケーキ、マーブルケーキ、マンデラケーキが あります。
하이, 쿠다모노가 하잇테 이나이 바타-케-키와 파운도케-키, 마-부루케-키, 만데라케-키가 아리마스.
네, 과일 무첨가 버터케이크는 파운드케이크, 마블케이크, 만델라케이크가 있습니다.

07. 果物(くだもの)が 入(い)って いる バターケーキの 種類(しゅるい)は 何(なに)が ありますか?

쿠다모노가 하잇테 이루 바타-케-키노 슈루이와 나니가 아리마스카?

과일이 있는 버터케이크의 종류는 무엇이 있습니까?

はい、果物(くだもの)が 入(い)って いる バターケーキは フルーツケーキ、プラムケーキ、ダンディケーキ、チェリーケーキ、シナモンケーキが あります。

하이, 쿠디모노가 하잇테이루 바타-케-키와 후루-쯔케-키, 푸라무케-키, 단디케-키, 체리-케-키, 시나몬케-키가 아리마스.

네, 과일이 있는 버터케이크는 과일케이크, 플럼케이크, 단디케이크, 체리케이크, 계피케이크가 있습니다.

08. 高級(こうきゅう)な バターケーキの 条件(じょうけん)は 何(なん)ですか?

코우큐우나 바타-케-키노 죠우켄와 난데스카?

고급적인 버터케이크의 조건은 무엇입니까?

はい、高級(こうきゅう)な バターケーキ 条件(じょうけん)は バターの 量(りょう)が 多(おお)く、内側(うちがわ)が しっとりして 重(おも)い 印象(いんしょう)を 与(あた)え、保存性(ほぞんせい)の 良(よ)い 高級(こうきゅう) 配合(はいごう)です。

하이, 코우큐우나 바타-케-키 죠우켄와 바타-노 료우가 오오쿠, 우치카와가 싯토리시테 오모이 인쇼우오 아타에, 호존세이노 요이 코우큐우 하이고우데스.

네, 고급인 버터케이크 조건은 버터의 양이 많고 안쪽이 촉촉하고 무거운 느낌을 주고 보존성이 좋은 고급배합입니다.

バターケーキ 配合表(はいごうひょう)

바타-케-키 하이고우효우

버터케이크의 배합표

順序(じゅんじょ) 쥰죠 순서	材料(ざいりょう) 자이료우 재료	配合 比率(はいごう ひりつ)(%) 하이고우 히리쯔 배합 비율(%)	配合量(はいごうりょう)(g) 하이코우료우 배합량(g)
1	バター 바타- 버터	100 햐쿠	450 욘햐쿠고쥬우
2	砂糖(さとう) 사토우 설탕	100 햐쿠	450 욘햐쿠 고쥬우

3	卵 타마코 달걀	100 햐쿠	450 욘햐쿠고쥬우
4	薄力粉 하쿠리키코 박력분	100 햐쿠	450 욘햐쿠고쥬우
5	バニラ 바니라 바닐라	0.5 레이텐고	1.25 잇텐니고
合計 코우게이 합계	-	400.5% 욘햐쿠레이텐고	1,801.25g 센핫뱌큐잇텐니고

09. バターケーキの 材料 配合の バランスは 何ですか?

바타-케-키노 자이료우 하이고우노 바란스와 난데스카?

버터케이크의 재료 배합의 균형은 무엇입니까?

はい、バターケーキの 材料 配合の バランスは バターケーキを 構成する 原材料の 割合に よって 味と 品質が 違います。

히이, 바타-케-키노 자이료우 하이고우노 바란스와, 바타-케-키오 코우세이스루 겐자이료우노 와리아이니 욧테 아지토 힌시쯔가 치카이마스.

네, 버터케이크의 재료 배합의 균형은 버터케이크를 구성하는 원재료의 비율에 따라 맛과 품질이 다릅니다.

10. バターケーキの 材料の 役割は 何が 有りますか?

바타-케-키노 자이료우노 야쿠와리와 나니가 아리마스카?

버터케이크의 재료의 역할은 무엇이 있습니까?

はい、バターケーキの 材料で ある 小麦粉は 骨格 形成、でんぷんは やわらかさ、卵は 泡と 風味、砂糖は 甘さ、色、気泡安定、油脂は 泡立ちと 風味、チョコレート、香、果物、牛乳は 味を 出します。

하이, 바타-케-키노 자이료우데 아루 코무기코와 콧카쿠 케이세이, 덴푼와 야와라카사, 타마고와 아와토 후우미, 사토우와 아마시, 이로, 키호우안테이, 유시와 아와다치토 후우미, 초코레-토, 코우, 쿠다모노, 규우뉴우와 아지오 다시마스.

네, 버터케이크의 재료인 밀가루는 골격형성, 전분은 부드러움, 달걀은 거품과 풍미, 설탕은 단맛, 색깔, 기포 안정, 유지는 거품 형성과 풍미를 주며 초콜릿, 향, 과일, 우유는 맛을 냅니다.

11. バターケーキの 製法は 何が 有りますか?

바타-케-키노 세이호우와 나니가 아리마스카?

버터케이크의 제법은 무엇이 있습니까?

はい、バターケーキの 製法は 油脂の 泡立ち 順に クリーム法、ブレンド法、1段階法の 3つが あります。

하이, 바타-케-키노 세이호우와 유시노 아와다치 쥰니 쿠리-무호우, 부렌도호우, 이치단카이호우노 밋쯔가 아리마스.

네, 버터케이크의 제법은 유지의 거품을 올리는 순서에 따라 크림법, 블랜딩법, 1단계법의 3가지가 있습니다.

12. クリーム法は 何ですか?

쿠리-무호우와 난데스카?

크림법은 무엇입니까?

はい、クリーム法は バターに 砂糖、卵で 泡立て 後 小麦粉を 混ぜる 方法です。

하이, 쿠리-무호우와 바타-니 사토우, 타마고데 아와타테 아토 코무기코오 마제루 호우호우데스.

네, 크림법은 버터에 설탕, 달걀로 거품을 올린 후 밀가루를 섞는 방법입니다.

13. クリーム法の 長点は 何ですか?

쿠리-무호우노 죠우텐와 난데스카?

크림법의 장점은 무엇입니까?

はい、クリーム法の 長点は 製造 作業が 簡単で 泡立ちと 体積が 大きく なります。

하이, 쿠리-무호우노 죠우텐와 세이조우 사교우가 칸탄데 아와다치토 타이세키가 오오키쿠 나리마스.

네, 크림법의 장점은 제고 작업이 간난하고 거품성과 부피가 크게 됩니다.

14. クリーム法の 短点は 何ですか?
쿠리-무호우노 탄텐와 난데스카?

크림법의 단점은 무엇입니까?

はい、クリーム法の 短点は 卵が 分離しやすく グルテン 発生が 多く 硬く なります。
하이, 쿠리-무호우노 탄텐와 타마고가 분리시야스쿠 구루텐 핫세이가 오오쿠 카타쿠 나리마스.

네, 크림법의 단점은 달걀이 분리되기 쉽고 글루텐 발생이 많아 딱딱하게 됩니다.

クリーム法 配合表
쿠리-무호우 하이고우효우

크림법 배합표

順序 쥰죠 순서	材料 자이료우 재료	配合 比率(%) 하이고우 히리쯔 배합 비율(%)	配合量(g) 하이코우료우 배합량(g)
1	バター 바타- 버터	100 햐쿠	450 욘햐쿠고쥬우
2	砂糖 사토우 설탕	100 햐쿠	450 욘햐쿠고쥬우
3	卵 타마코 달걀	100 햐쿠	450 욘햐쿠고쥬우
4	薄力粉 하쿠리키코 박력분	100 햐쿠	450 욘햐쿠고쥬우
5	バニラ 바니라 바닐라	0.5 레이텐고	2.25 니텐니고
6	洋酒 요우슈 양주	2 니	9 큐우
合計 코우게이 합계	-	402.5% 욘햐쿠니텐고	1,812g 센핫바큐쥬우니

15. クリーム法を 作る 順番は 何が 有りますか？

쿠리-무호우오 쯔쿠루 쥰방와 나니가 아리마스카?

크림법을 만드는 순서는 무엇이 있습니까?

はい、クリーム法の 作り方は バターの 泡立て→ 砂糖→ 卵と 小麦粉
混ぜ→ 牛乳混ぜ→ パンニング→ 焼きです。

하이, 쿠리-무호우노 쯔쿠리카타와 바타-노 아와다테→ 사토우→ 타마고토 코무기코 마제→ 규우뉴우 마제→ 판닝구→ 야키데스.

네, 크림법을 만드는 순서는 버터 거품 올리기→ 설탕→ 달걀과 밀가루 섞기→ 우유 섞기→ 팬닝하기→ 굽기입니다.

16. クリーム法の バターケーキの 作り方は 何が 有りますか？

쿠리-무호우노 바타-케-키노 쯔쿠리카타 나니가 아리마스카?

크림법의 버터케이크의 만드는 법은 무엇이 있습니까?

はい、クリーム法は 共立法と 別立法が あります。

하이, 쿠리-무호우와 토모탓테호우토 베쯔탓테호우가 아리마스.

네, 크림법은 공립법과 별립법이 있습니다.

17. ブレンディング法は 何ですか？

부렌딘구호우와 난데스카?

블렌딩법은 무엇입니까?

はい、ブレンディング法は バターに 小麦粉の 一部を 入れ、砂糖や 卵など
の 材料を 加えて 泡立てる 方法です。

하이, 부렌딘구호우와 바타-니 코무기코 이치부오 이레, 사토우야 타마고나도노 자이료우오 쿠와에테 아와다테루 호우호우데스.

네, 블랜딩법은 버터에 밀가루의 일부를 넣고 설탕과 달걀 등의 재료를 첨가하여 거품을 올리는 방법입니다.

18. ブレンディング法の 長点と 短点は 何が 有りますか？

부렌딘구호우노 죠우텐토 탄텐와 나니가 아리마스카?

블렌딩법의 장점과 단점은 무엇이 있습니까?

はい、ブレンディング法の 長点は 軽くて 柔らかい ケーキに なり 短点は 製造 工程が 複雑です。

하이, 부렌딘구호우노 죠우텐와 카루쿠테 야와라카이 케-키니 나리, 탄텐와 세이조우 코우테이가 후쿠자쯔데스.

네, 블랜딩법의 장점은 가볍고 부드러운 케이크가 되며, 단점은 제조공정이 복잡합니다.

19. ブレンディング法を 作る 順番は 何が 有りますか？

부렌딘구호우오 쯔쿠루 쥰방와 나니가 아리마스카?

블렌딩법을 만드는 순서는 무엇이 있습니까?

はい、ブレンディング法の 作り方は 小麦粉と 油脂混ぜ→ 卵→ 砂糖混ぜ → バター 泡立て→ 小麦粉 混ぜ→ パンニング→ 焼きです。

하이, 부렌딘구호우노 쯔쿠리카타와 코무기코토 유시 마제→ 타마고 사토우 미제→ 바타- 아와다테→ 코무기코 마제→ 판닌구→ 야키데스.

네, 블렌딩법을 만드는 순서는 밀가루와 유지 섞기→ 달걀→ 설탕 섞기→ 버터 거품 올리기→ 밀가루 섞기→ 팬닝→ 굽기입니다.

20. 1段階法は 何ですか？

이치 단카이호우와 난데스카?

1단계법은 무엇입니까?

はい、1段階法は 全材料と 液体 ショートニングを 入れて 一度に ミキシングする 方法です。

하이, 이치 단카이호우와 젠 자이료우토 에키타이 쇼-토닌구오 이레테 이치도니 미키싱구스루 호우호우데스.

네, 1단계법은 전 재료와 액체 쇼트닝을 넣어 한꺼번에 믹싱하는 방법입니다.

21. 1段階法の 長点は 何ですか？

이치단카이호우노 죠우텐와 난데스카?

1단계법의 장점은 무엇입니까?

はい、1段階法の 長点は 作業性が よく、軽い バターケーキを 作ります。

하이, 이치단카이호우노 죠우텐와 사교우세이가 요쿠, 카루이 바타-케-키오 쯔쿠리마스.

네, 1단계법의 장점은 작업성이 좋으며 가벼운 버터케이크를 만듭니다.

22. 1段階法の 短点は 何ですか？

이치단카이호우노 탄텐와 난데스카?

1단계법의 단점은 무엇입니까?

はい、1段階法の 短点は 乳化剤を 使用する 点です。

하이, 이치단카이호우노 탄텐와 뉴우카자이오 시요우스루 텐데스.

네, 1단계법의 단점은 유화제를 사용하는 점입니다.

23. 1段階法を 作る 順番は 何ですか？

이치단카이호우오 쯔쿠루 쥰방와 난데스카?

1단계법을 만드는 순서는 무엇입니까?

はい、1段階法を 作る 順番は 小麦粉、卵、乳化剤、バターを 入れて 泡立て→ パンニング→ 焼きです。

하이, 이치단카이호우오 쯔쿠루 쥰방와 코무기코, 타마고, 뉴우카자이, 바타-오 이레테 아와다테→ 판닝구 → 야키데스.

네, 1단계법을 만드는 순서는 밀가루, 달걀, 유화제, 버터를 넣고 거품 올리기→ 팬닝→ 굽기입니다.

24. バターケーキの 生地の 温度管理は なぜ 重要ですか？

바타-케-키노 키지노 온도칸리와 나제 쥬우요우데스카?

버터케이크의 반죽 온도관리는 왜 중요합니까?

はい、バターケーキの 生地の 温度が 低いと 泡が 作れない からです。

하이, 바타-케-키노 키지노 온도가 히쿠이토 아와가 쯔쿠레나이 카라데스.

네, 버터케이크의 반죽 온도가 낮으면 거품이 만들어지지 않기 때문입니다.

25. バターケーキを 作る 順番は 何ですか?

바타-케-키오 쯔쿠루 쥰방와 난데스카?

버터케이크를 만드는 순서는 무엇입니까?

はい、バターケーキを 作る 順番は ミキシング→ 温度 測定→ 比重 測定→ パンニング→ 分割→ 焼きです。

하이, 바타-케-키오 쯔쿠루 쥰방와 미키싱구→ 온도 소쿠테이→ 히쥬우 소쿠테이→ 판닌구→ 분카쯔→ 야키데스.

네, 버터케이크를 만드는 순서는 믹싱→ 온도 측정→ 비중 측정→ 팬닝→ 분할→ 굽기입니다.

26. バターケーキの 材料の 混合 順序は 何ですか?

바타-케-키노 자이료우노 콘고우 쥰죠와 난데스카?

버터케이크의 재료의 혼합순서는 무엇입니까?

はい、バターケーキの 材料の 混合 順序は 油脂に 砂糖、卵、小麦粉、水、水飴、バニラ香、フルーツの 順に 入れます。

하이, 바타-케-키노 자이료우노 콘고우 쥰죠와, 유시니 사토우, 타마고, 코무기코, 미즈, 미즈아메, 바니라 코우, 후루-쯔노 쥰니 이레마스.

네, 버터케이크 재료의 혼합순서는 유지에 설탕, 달걀, 밀가루, 물, 물엿, 바닐라 향, 과일 순서로 넣습니다.

27. バターケーキの 失敗の 原因は 何ですか?

바타-케-키노 싯파이노 겐인와 난데스카?

버터케이크의 실패 원인은 무엇입니까?

はい、バターケーキの 失敗の 原因は 材料の 配合の バランス、作業の 問題です。

하이, 바타-케-키노 싯파이노 겐인와 자이료우노 하이고우노 바란스, 사교우노 몬다이데스.

네, 버터케이크의 실패 원인은 재료의 배합 균형, 작업의 문제입니다.

28. バターケーキの 失敗と 原因は 何が 有りますか?

바타-케-키노 싯파이토 겐인와 나니가 아리마스카?

버터케이크의 실패와 원인은 무엇이 있습니까?

はい、バターケーキの 中央が たるみ、側面が 収縮、皮の 厚み、果物の たるみ、製品の たるみ 現象は 小麦粉の グルテンが 弱い、バターケーキの 中央が 膨らみすぎ、ケーキが 硬いのは グルテンが 強い、嵩が 小さいのは 油脂の クリーム性が 悪いからです。

하이, 바타-케-키노 쥬우오우가 타루미, 소쿠멘가 슈슈쿠 카와노 아쯔미, 쿠다모노노 타루미, 세이힝노 타루미겐쇼우와 코무기코 구루텐가 요와이, 바타-케-키노 쥬우오우가 후쿠라미스기, 케-키가 카타이노와 구루텐가 쯔요이, 카사가 치이사이노노 유시노 쿠리-무세이가 와루이 카라데스.

네, 버터케이크의 중앙이 처짐, 측면이 수축, 껍질의 두께, 과일의 처짐, 제품의 처짐 현상은 밀가루의 글루텐이 약함, 버터케이크의 중앙이 너무 부풀음, 케이크가 딱딱한 것은 글루텐이 강함, 부피가 작은 것은 유지의 크림성이 나쁘기 때문입니다.

29. バターケーキの 焼きは 何度ですか?

바타-케-키노 야키와 난도데스카?

버터케이크의 굽기 온도는 몇 도입니까?

はい、バターケーキの 焼きは 160 ~180℃ 程度です。

하이, 바타-케-키노 야키와 햐쿠로쿠쥬우~햐쿠하치쥬우 테이도데스.

네, 버터케이크의 굽기 온도는 160~180℃ 정도입니다.

30. バターケーキの 焼きの 変化は 何ですか?

바타-케-키노 야키노 헨카와 난데스카?

버터케이크의 굽기의 변화는 무엇입니까?

はい、バターケーキの 焼きの 変化は オーブン膨張、オーブン 温度、オーブン湿度、焼き 時間です。

하이, 바타-케-키노 야키노 헨카와 오-분 보우죠우, 오-분 온도, 오-분 시쯔도, 야키 지칸데스.

네, 버터케이크의 굽기 변화는 오븐 팽창, 온도, 습도, 굽는 시간입니다.

バターケーキの 焼きの 変化
바타-케-키노 야키노 헨카

버터케이크의 굽기의 변화

オーブン膨張	オーブン温度	オーブン湿度	焼き 時間
오-분 보우죠우	오-분 온도	오-분 시쯔도	야키지칸
오븐 팽창	온도	습도	굽는 시간

第9課
だい　か

バターケーキの 種類は 何が
しゅるい　　なに

ありますか?

바타-케-키노 슈루이와 나니가 아리마스카?

버터케이크의 종류는 무엇이 있습니까?

第**9**課

バターケーキの 種類は 何が ありますか?
바타-케-키노 슈루이와 나니가 아리마스카?
버터케이크의 종류는 무엇이 있습니까?

01. バターケーキの 種類は 何が ありますか?
바타-케-키노 슈루이와 나니가 아리마스카?
버터케이크의 종류는 무엇이 있습니까?

はい、バターケーキの 種類は パウンドケーキ、フルーツケーキ、マドレー
ヌ、マフィンケーキが あります。
하이, 비타 케-키노 슈루이와 파운드케-키, 후루-쯔케-키, 마도레-누, 마휜케-키가 아리마스.
네, 버터케이크의 종류는 파운드케이크, 과일케이크, 마들렌, 미펀게이그가 있습니다

02. パウンドケーキ(pound cake)は 何ですか?
파운도케키와 난데스카?
파운드케이크(pound cake)는 무엇입니까?

はい、パウンドケーキは 小麦粉、油脂、砂糖、卵を それぞれ 1ポンド(454g)
ずつ 同量に する ことから 名前を つけました。
하이, 파운도케-키와 코무기코, 유시, 사토우, 타마고오 소레조레 이치폰도(욘햐쿠고쥬우욘 구라무)즈쯔
도우료우니 스루 코토카라 나마에오 쯔케마시타.
네, 파운드케이크는 밀가루, 유지, 설탕, 달걀을 각각 1파운드(454g)씩 같은 양으로 만
드는 것에서 붙여진 이름입니다.

03. パウンドケーキ(Pound Cake) 配合表

파운도케-키 하이고우효우

파운드케이크(Pound Cake) 배합표

順序 쥰죠 순서	材料 자이료우 재료	配合 比率(%) 하이고우 히리쯔 배합 비율(%)	配合量(g) 하이코우료우 배합량(g)
1	バター 바타- 버터	100 햐쿠	450 욘햐쿠고쥬우
2	砂糖 사토우 설탕	100 햐쿠	450 욘햐쿠고쥬우
3	卵 타마코 달걀	100 햐쿠	450 욘햐쿠고쥬우
4	薄力粉 하쿠리키코 박력분	100 햐쿠	450 욘햐쿠고쥬우
5	ベーキングパウダー 베-킨구파우다- 베이킹파우더	2 니	9 큐우
6	バニラ 바니라 바닐라	0.1 레이텐이치	0.45 레이텐욘고
7	洋酒 요우슈 양주	2 니	8 하치
8	牛乳 규우뉴우 우유	10 쥬우	45 욘쥬우고
合計 코우게이 합계	-	412.1% 요햐쿠니쥬우텐이치	1,862.5g 센핫바큐로쿠쥬우니텐고

04. パウンドケーキを 作る 順番は 何ですか?

파운도케-키오 쯔쿠루 쥰방와 난데스카?

파운드케이크를 만드는 순서는 무엇입니까?

はい、パウンドケーキを 作る 順番は 生地ミキシング→ 卵→ 小麦粉→ 果物混合→ パンニング→ 分割→ 焼き→ 仕上げです。

하이, 파운도케-키오 쯔쿠루 쥰방와 키지미키싱구→ 타마고 코무기코→ 쿠다모노 콘고우→ 판닌구 →분카쯔→ 야키→ 시아게데스.

네, 파운드케이크를 만드는 순서는 반죽 믹싱→ 달걀→ 밀가루→ 과일 혼합→ 팬닝→ 분할→ 굽기→ 마무리입니다.

05. パウンドケーキの 焼きは 何ですか?

파운도케-키노 야키와 난데스카?

파운드케이크의 굽기는 무엇입니까?

はい、焼き温度は 160 から 180度で 40~60分 程度で 焼きます。

하이, 야키온도와 햐쿠로쿠쥬우 카라 햐쿠하치쥬우도데 욘쥬우~로쿠쥬우분 테이도데 야키마스.

네, 굽기 온도는 160~180℃에서 40~60분간 정도 굽습니다.

06. フルーツケーキは 何ですか?

후루-쯔케-키와 난데스카?

과일케이크는 무엇입니까?

はい、フルーツケーキは バターケーキに フルーツを 加えた 物です。

하이, 후루-쯔케-키와 바타-케-키니 후루-쯔오 쿠와에타 모노데스.

네, 과일 케이크는 버터케이크에 과일을 첨가한 것입니다.

07. フルーツケーキの 果物は 何が ありますか?

후루-쯔케-키노 쿠다모노와 나니가 아리마스카?

과일 케이크의 과일은 무엇이 있습니까?

はい、フルーツケーキの 果物^{くだもの}は レーズン、チェリー、オレンジ ピール、クルミ、リンゴが あります。

하이, 후루-쯔케-키노 쿠다모노와 레-즌, 체리-, 오렌지피-루, 쿠루미, 린고가 아리마스.

네, 과일 케이크는 건포도, 체리, 오렌지 필, 호두, 사과가 있습니다.

08. フルーツケーキを 作る 順番は 何ですか?

후루-쯔케-키오 쯔쿠루 쥰방와 난네스카?

과일 케이크를 만드는 순서는 무엇입니까?

はい、フルーツケーキを 作る 順番は 生地ミキシング→ 卵、小麦粉、フルーツ混合→ パンニング→ 分割→ 焼き→ 仕上げです。

하이, 후루-쯔케-키오 쯔쿠루 쥰방와 키지미키싱구→ 타마고, 코무기코, 후루-쯔콘고우→ 판닝구 → 분카쯔→ 야키→ 시아게데스.

네, 과일 케이크를 반죽을 만드는 순서는 반죽 믹싱→ 달걀, 밀가루, 과일 혼합→ 팬닝→ 분할→ 굽기→ 마무리입니다.

09. フルーツケーキの 焼きは 何ですか?

후루-쯔케-키노 야키와 난데스카?

과일 케이크의 굽기는 무엇입니까?

はい、フルーツケーキの 焼きは 温度 160 から 170度で 1時間 程度です。

하이, 후루-쯔케-키노 야키와 온도 햐쿠로쿠쥬우 카라 햐쿠나나쥬우 도데 이치지칸 테이도데스.

네, 과일 케이크의 굽기는 온도 160~170℃에서 1시간 정도입니다.

10. マドレーヌは 何ですか?

마도레-누와 난데스카?

마들렌(Madeleine)은 무엇입니까?

はい、マドレーヌは フランスを 代表する お菓子で バターケーキの 生地を 貝の 形に 焼いた お菓子です。

하이, 마도레-누와 후란스오 다이효우스루 오카시데 바타-케-키노 키지오 카이노 카타치니 야이타 오카시데스.

네, 마들렌은 프랑스를 대표하는 과자로 버터케이크 반죽을 조개 모양으로 구운 과자입니다.

11. マドレーヌ 配合表(12個分)
마도레–누 하이고우효우(쥬우니 코분)

마들렌 배합표(12개 분량)

順序	材料	配合 比率(%)	配合量(g)
쥰죠 순서	자이료우 재료	하이고우 히리쯔 배합 비율(%)	하이코우료우 배합량(g)
1	バター 바타– 버터	100 햐쿠	180 햐쿠하치쥬우
2	砂糖 사토우 설탕	100 햐쿠	180 햐쿠하치쥬우
3	卵 타마코 달걀	90 큐우쥬우	160 햐쿠하치쥬우
4	卵黄 란오우 노른자	10 쥬우	18 쥬우하치
5	薄力粉 하쿠리키코 박력분	100 햐쿠	180 햐쿠하치쥬우
6	ベーキングパウダー 베–킨구파우다– 베이킹파우더	1.5 잇텐고	2.7 니텐나나
7	レモン皮 레몬카와 레몬껍질	0.5 (1/2개분) 레이텐고	9 큐우
8	レモン汁 레몬시루 레몬즙	0.5(1/2개분) 레이텐고	9 큐우
合計 코우게이 합계	-	402.5% 욘햐쿠니텐고	725g 나나햐쿠니쥬우고

12. マドレーヌを 作る 順番は 何ですか?

마도레-누오 쯔쿠루 쥰방와 난데스카?

마들렌을 만드는 순서는 무엇입니까?

はい、マドレーヌを 作る 順番は 型の 準備→ バターを 溶かす→ 卵の 泡立ち→ レモン、バニラ、小麦粉、バター混ぜ→ 生地を 休止 させる→ 型に 絞る→ 焼きです。

하이, 마도레-누오 쯔쿠루 쥰방와 카타노 준비→ 바타-오 토카스→ 타마고노 아와다치→ 레몬, 바니라 코무기코, 바타- 마제→ 키지오 큐우시사세루→ 카타니 시보루→ 야키데스.

네, 마들렌을 만드는 순서는 팬 준비→ 버터 녹이기→ 달걀 거품 올리기→ 레몬, 바닐라, 밀가루, 버터 섞기→ 반죽 휴지시키기→ 틀에 짜기→ 굽기입니다.

13. マドレーヌの 焼きは 何ですか?

마도레-누노 야키와 난데스카?

마들렌의 굽기는 무엇입니까?

はい、マドレーヌの 焼き 温度 160 から 170℃で 20から 25分 程度です。

하이, 마도레-누노 야키와 온도 햐쿠로쿠쥬우 카라 햐쿠나나쥬우도데 니쥬우 카라 니쥬우고분 테이도데스.

네, 마들렌의 굽기 온도 160~170℃로 20~25분 정도입니다.

14. マフィンケーキは 何ですか?

마휜케-키와 난데스카?

머핀 케이크는 무엇입니까?

はい、マフィンケーキは バターに 卵を 入れ 泡立て 小麦粉、ベーキングパウダー、牛乳、チョコレートなどを 混ぜて 作った 物です。

하이, 마휜케-키와 바타-니 타마고 이레 아와다테테 코무기코, 베-킹구파우다-, 규우뉴우, 초코레-토 나도우 마제테 쯔쿳타 모노데스.

네, 머핀 케이크는 버터에 달걀을 넣고 거품 올려 밀가루, 베이킹파우더, 우유, 초콜릿 등을 섞어 만든 것입니다.

15. マフィンケーキの 配合表
마횐케-키노 하이고우효우

머핀케이크의 배합표

順序 쥰죠 순서	材料 자이료우 재료	配合 比率(%) 하이고우 히리쯔 배합 비율(%)	配合量(g) 하이코우료우 배합량(g)
1	バター 바타- 버터	100 햐쿠	300 산뱌쿠
2	砂糖 사토우 설탕	80 하치쥬우	210 니햐쿠쥬우
3	卵 타마코 달걀	85 하치쥬우고	255 니햐쿠고쥬우고
4	薄力粉 하쿠리키코 박력분	90 큐우쥬우	270 니햐쿠나나쥬우
5	強力粉 쿄우리키코 강력분	10 쥬우	30 산쥬우
6	ベーキングパウダー 베-킹구파우다- 베이킹파우더	2 니	6 로쿠
7	ブランデー 브란디- 브랜디	5 고	15 쥬우고
8	ラム酒 라무슈 럼주	5 고	15 쥬우고
9	バニラ 바니라 바닐라	0.5 레이텐고	1.5 잇텐고
10	オレンジ・ピール 오렌지피-루 오렌지 필	5 고	15 쥬우고
合計 코우게이 합계	-	383% 산뱌쿠하치쥬우산	1,149g 센햐쿠욘쥬우큐우

16. マフィンケーキを 作る 順番は 何ですか?

마휜케-키오 쯔쿠루 쥰방와 난데스카?

머핀케이크를 만드는 순서는 무엇입니까?

はい、マフィンケーキを 作る 順番は 型の 準備→ 生地ミキシング→ 卵 混合→ 小麦粉、果物混合→ パンニング→ 焼き→ 仕上げです。

하이, 마휜케-키오 쯔쿠루 쥰방와 카타노 준비→ 키지미키싱구→ 타마고 콘고우→ 코무기코, 쿠다모노콘고우 →판닌구→ 야카 → 시아게데스.

네, 머핀 케이크를 만드는 순서는 팬 준비→ 반죽 믹싱→ 달걀 혼합→ 밀가루, 과일 혼합→ 팬닝하기→ 굽기→ 마무리입니다.

17. マフィンケーキの 焼きは 何ですか?

마휜케-키노 야키와 난데스카?

머핀 케이크의 굽기 온도는 얼마입니까?

はい、マフィンケーキの 焼きは 160 ~170度で、20~25分 程度です。

하이, 마휜케-키노 야키와 하쿠로쿠쥬우~햐쿠나나쥬우도데, 니쥬우~니쥬우고분 테이도데스.

네, 머핀 케이크의 굽기 온도는 160~170℃로 20~25분 정도입니다.

第10課
だい　　　か

クッキーは 何ですか?
　　　　　　なん

쿳키-와 난데스카?

쿠키(cookies)는 무엇입니까?

クッキーは 何ですか?

쿳키-와 난데스카?

쿠키(cookies)는 무엇입니까?

01. クッキーは 何ですか?

쿳키-와 난데스카?

쿠키는 무엇입니까?

はい、クッキーは 水分の 含量が 5パーセント以下で 化学 膨張剤を 入れて 膨らませた 乾燥菓子です。

하이, 쿳키-와 스이분노 간료우가 고파-센토 이카데 카가쿠 모우쇼우지이오 이레데 후쿠라사세타 칸소우가시데스.

네, 쿠키는 수분의 함량이 5% 이하로 화학 팽창제를 넣어 부풀린 건조 과자입니다.

02. クッキーの 歴史は 何ですか?

쿳키-노 레키시와 난데스카?

쿠키의 역사는 무엇입니까?

はい、クッキーの 歴史は オランダ語から 派生した 「2度 焼き」と いう 意味で、ビスケット湾から 出航する 船員たちが ぱさぱさに 作ったのが 始まりです。

하이, 쿳키-노 레키시와 오란다고카라 하세이시타 니도 야키토 이우 이미데, 비스켓토완카라 슈코우스루 센인타치가 파사파사니 쯔쿳타노가 하지마리데스.

네, 쿠키의 역사는 네델란드어에서 파생된 "2번 굽다"의 의미로 비스킷만에서 출항하는 선원들이 바삭하게 만든 것이 시작입니다.

03. クッキー生地の 種類は 何が ありますか?

쿳키-키지노 슈루이와 나니가 아리마스카?

쿠키 반죽의 종류는 무엇이 있습니까?

はい、クッキー生地の　種類は　絞りクッキー、押し出しクッキー　、
冷凍 クッキーが あります。

하이, 쿳키-키지노 슈루이와 시보리 쿳키-, 오시다시 쿳키-, 레이토우 쿳키-가 아리마스.

네, 쿠키 반죽의 종류는 짜는 쿠키, 찍어내는 쿠키, 냉동 쿠키가 있습니다.

クッキーの 種類

쿳키-노 슈루이

쿠키의 종류

絞りクッキー	押し出しクッキ	冷凍 クッキ
시보리 쿳키-	오시다시 쿳키-	레이토우 쿳키-
짜는 쿠키	찍어내는 쿠키	냉동 쿠키

04. 絞り クッキーは 何ですか?

시보리 쿳키-와 난데스카?

짜는 쿠키는 무엇입니까?

はい、絞り クッキーは 絞り袋と 絞り口金で 生地を 絞って 作ります。

하이, 시보리 쿳키-와 시보리부쿠로토 시보리 쿠치가네데 키지오 시봇테 쯔쿠리마스.

네, 짜는 쿠키는 짤 주머니와 짤 깍지로 반죽을 짜서 만듭니다.

05. 押し出し クッキーは 何ですか?

오시다시 쿳키-와 난데스카?

찍어내는 쿠키는 무엇입니까?

はい、押し出しクッキーは 生地を 薄く 伸ばして 型で つけて 作ります。

하이, 오시다시쿳키-와 키지오 우스쿠 노바시테 카타데 쯔케테 쯔쿠리마스

네, 찍어내는 쿠키는 반죽을 얇게 늘려 펴서 틀로 찍어 만듭니다.

06. 冷凍クッキーは 何ですか?

레이토우 쿳키-와 난데스카?

냉동 쿠키는 무엇입니까?

はい、冷凍クッキーは 生地を 冷蔵、冷凍 してから 焼き 上げます。

하이, 레이토우 쿳키-와 키지오 레이조우, 레이토우 시테카라 야키아게마스.

네, 냉동 쿠키는 반죽을 냉장, 냉동한 후 구워냅니다.

07. クッキーの 広がり率 計算 公式は 何ですか?

쿳키-노 히로가리리쯔 케이산 코우시키와 난데스카?

쿠키의 퍼짐율 계산 공식은 무엇입니까?

順序 쥰죠 순서	クッキーの 広がり率 쿳키-노 히로가리리쯔 쿠키의 퍼짐율	クッキーの 広がり率 計算 公式 쿳키-노 히로가리리쯔 케이산 코우시키 쿠키의 퍼짐율 산출 공식
1	クッキーの 広がり率 쿳키-노 히로가리리쯔 쿠키의 퍼짐율	試験 製品の クッキーの 平均 幅 시켄세이힝노쿳키-노 헤이킨하바 시험 제품의 쿠키의 평균 폭 ――――――――――――――― × 100 햐쿠 試験 製品の クッキーの 平均 厚 시켄세이힝노쿳키-노 헤이킨 아쯔사 시험 제품의 쿠키의 평균 두께 製品の クッキーの 平均 幅 세이힝노쿳키-노 헤이킨하바 제품의 평균 폭 ――――――――――――――― × 100 햐쿠 製品の クッキーの 平均 幅 세이힝노쿳키-노 헤이킨 아쯔사 제품의 평균 두께

08. クッキーの 材料は 何が 有りますか?

쿳키-노 자이료우와 나니가 아리마스카?

쿠키의 재료는 무엇이 있습니까?

はい、クッキーの 材料は バター、砂糖、卵、薄力粉の 4種類が 有ります。

하이, 쿳키-노 자이료우와 바타-, 사토우, 타마고, 하쿠리키코노 욘슈루이가 아리마스

네, 쿠기의 재료는 버터, 설탕, 달걀, 박력분의 4가지가 있습니다.

09. クッキー作りの 重要 事項は 何ですか?

쿳키-쯔쿠리노 쥬우요우 지코우와 난데스카?

쿠키 만들기의 중요 사항은 무엇입니까?

はい、クッキー作りの 重要 事項は 生地の 混ぜ合わせと 休止 工程です。

하이, 쿳키-쯔쿠리노 쥬우요우 지코우와 키지노 마제아와세토 큐우시 코우테이데스.

네, 쿠키 만들기의 중요사항은 반죽 혼합과 휴지 공정입니다.

10. クッキー 作りの 準備は 何が ありますか?

쿳키-쯔쿠리노 준비와 나니가 아리마스카?

쿠키 만들기 준비는 무엇이 있습니까?

はい、クッキー作りの 準備は バターと 卵は 常温に 置くこと、オーブンは 30分 前に 予熱して おくんです。

하이, 쿳키-쯔쿠리노 준비와 바타-토 타마고와 죠우온니 오쿠코토, 오-분와 산쥬우분 마에니 요네쯔시테 오쿤데스.

네, 쿠키 만들기 준비는 버터와 달걀은 상온에 두는 것, 오븐은 30분 전에 예열해 두는 것입니다.

11. クッキーの 作り方は 何が ありますか?

쿳키-노 쯔쿠리 카타와 나니가 아리마스카?

쿠키를 만드는 법은 무엇이 있습니까?

はい、クッキーの 作り方は クリーム法が あります。

하이, 쿳키-노 쯔쿠리카타와 쿠리-무호우가 아리마스.

네, 쿠키를 만드는 법은 크림법이 있습니다.

12. クッキーの 作り方は どう やって 作りますか?

쿳키-노 쯔쿠리카타와 도우 얏테 쯔쿠리마스카?

쿠키 만드는 크림법은 어떻게 만듭니까?

はい、クッキーの 作り方は 油脂に 砂糖、卵を 3回に 分けて 入れて 泡立て、小麦粉を 混ぜて 作ります。

하이, 쿳키-노 쯔쿠리카타와 유시니 사토우, 타마고오 산카이니 와케테 이레테 아와다테, 코무기코오 마제테 쯔쿠리마스.

네, 쿠키를 만드는 크림법은 유지에 설탕, 달걀을 3회 나누어 넣고 거품 올려, 밀가루를 섞어 만듭니다.

13. クッキーの 基本 配合は 何ですか?

쿳키-노 키혼 하이고우와 난데스카?

쿠키의 기본 배합은 무엇입니까?

はい、クッキーの 配合 基本は 小麦粉 100 パーセント、油脂 50 パーセント、砂糖 50パーセント、卵 30 パーセントです。

하이, 쿳키-노 키혼하이고우와 코무기코 햐쿠 파-센토, 유시 고쥬우 파-센토, 사토우 고쥬우 파-센토, 타마고 산쥬우 파-센토데스.

네, 쿠키의 기본 배합은 밀가루 100%, 유지 50%, 설탕 50%, 달걀 30%입니다.

14. クッキー配合表

쿳키-하이고우효우

쿠키의 배합표

順序 쥰죠 순서	材料 자이료우 재료	配合 比率(%) 하이고우 히리쯔 배합 비율(%)	配合量(g) 하이코우료우 배합량(g)
1	バター 바타- 버터	50 고쥬우	50 고쥬우
2	砂糖 사토우 설탕	50 고쥬우	50 고쥬우
3	卵 타마코 달걀	30 산쥬우	30 산쥬우
4	薄力粉 하쿠리키코 박력분	100 햐쿠	100 햐쿠
5	バニラ 바니라 바닐라	0.5 레이텐고	0.5 레이텐고
6	洋酒 요우슈 양주	2 니	2 니
合計 코우게이 합계	-	132.5% 햐큐산쥬우니텐고	132.5g 햐큐산쥬우니텐고

15. クッキーの 材料の 種類は 何が ありますか?

쿳키-노 자이료우노 슈루이와 나니가 아리마스카?

쿠키 재료의 종류는 무엇이 있습니까?

はい、クッキー材料の 種類は 薄力粉、バター、砂糖、卵、水の 主材料と、デンプ
ン、ココア、チョコレート、ナッツ類、香料、膨張剤、塩の 副材料が あります。

하이, 쿳키-자이료우노 슈루이와 하쿠리키코, 바타-, 사토우, 타마고, 미즈노 슈자이료우토 덴푼, 코코아,
초코레-토, 낫쯔루이, 코우료우, 보우죠우자이, 시오노 후쿠자이료우가 아리마스.

네, 쿠키 재료의 종류는 박력분, 버터, 설탕, 달걀, 물의 주재료와, 전분, 코코아, 초콜릿,
넛류, 향료, 팽창제, 소금의 부재료가 있습니다.

16. 材料に よる クッキー 生地の 変化は 何が ありますか？

자이료우니 요루 쿳키-키지노 헨카와 나니가 아리마스카?

재료에 의한 쿠키 반죽의 변화는 무엇이 있습니까?

はい、材料に よる クッキー生地の 変化は 小麦粉が 多いと 生地が 硬く、卵
が 多いと 生地が 柔らかく、砂糖が 多いと 気泡が 安定し、油脂が 多いと
ショートネー性と 柔らかさが 増加し、でんぷんと 水は 生地の 柔らかさ、
塩と 香料は 塩味と 苦味が 増加し、膨張剤は 生地を ガサガサに します。

하이, 자이료우니 요루 쿳키-키지노 헨카와 코무기코가 오오이토 키지가 카타쿠, 타마고가 오오이토 키지
가 야와라카쿠, 사토우가 오오이토 키호우가 안테이시, 유시가 오오이토 쇼-토네-세이토 야와라카사가 죠
우카시 덴푸토 미즈와 키지노 야와라카사, 시오토 코우료우와 시오아지토 니가미가 죠우와시, 보우죠우자
이와 키지오 가사가사니 시마스.

네, 재료에 의한 쿠키 반죽의 변화는 밀가루가 많으면 반죽이 딱딱하고, 달걀이 많으면
반죽이 부드럽고, 설탕이 많으면 기포가 안정되며, 유지를 많으면 쇼트네성과 부드러
움이 증가되며, 전분과 물은 반죽의 부드러움, 소금과 향료는 짠맛과 쓴맛이 증가, 팽
창제는 반죽을 부슬거리게 만듭니다.

17. クッキー(ビスケット)の 生地の 種類は 何が ありますか？

쿳키-(비스켓토)노 키지노 슈루이와 나니가 아리마스카?

쿠키(비스킷) 반죽의 종류는 무엇이 있습니까?

はい、クッキー生地の 種類は 生地型の クッキーと 泡立ち型の
クッキーが あります。

하이, 쿳키-키지노 슈루이와 키지카타노 쿳키-토 아와다치카타노 쿳키-가 아리마스.

네, 쿠키 반죽의 종류는 반죽형 쿠키와 거품형 쿠키가 있습니다.

18. 生地 型クッキーは 何が ありますか?

키지 카타 쿳키-와 나니가 아리마스카?

반죽형 쿠키는 무엇이 있습니까?

はい、生地 型の クッキーは 絞りクッキー(ドロップクッキー)、押し伸ばすける クッキー(ショートブレッドクッキー)が あります。

하이, 키시카타 쿳키-와 시보리쿳키-(도롯푸쿳키-), 오시노바스 쿳키-(쇼-토부렛도쿳키-)가 아리마스.

네, 반죽형 쿠키는 짜는 쿠키(드롭 쿠키), 밀어펴는 쿠키(쇼트브레드 쿠키)가 있습니다.

19. 泡立ち型 クッキーは 何が ありますか?

아와다치 카타 쿳키-와 나니가 아리마스카?

거품형 쿠키는 무엇이 있습니까?

はい、泡立ち型 クッキーは スポンジ クッキーと メレンゲ クッキーが あります。

하이, 아와다치카타 쿳키-와 스폰지 쿳키-토 메렌게 쿠키-가 아리마스.

네, 거품형 쿠키는 스펀지 쿠키와 머랭 쿠키가 있습니다.

20. クッキー生地を 作る 3つの 方法は 何が ありますか?

쿳키-키지오 쯔쿠루 밋쯔노 호우호우와 나니가 이리마스카?

쿠키 반죽을 만드는 3가지 방법은 무엇이 있습니까?

はい、クッキーの 作り方は クリーム法、手作り法、ブレンド法が あります。

하이, 쿳키-노 쯔쿠리카타와 쿠리-무호우, 테쯔쿠리호우, 부렌도호우가 아리마스.

네, 쿠키를 만드는 방법은 크림법, 손으로 만드는법, 블렌딩법이 있습니다.

21. クリーム クッキーは どう やって 作りますか?

쿠리-무쿳키-와 도우 얏테 쯔쿠리마스카?

크림법 쿠키는 어떻게 만듭니까?

はい、クリーム法の クッキーは 油脂に 砂糖、卵を入れ、泡立てて 作ります。

하이, 쿠리-무호우노 쿳키-와 유시니 사토우, 타마고오 이레, 아와다테테 쯔쿠리마스.

네, 크림법 쿠키는 유지에 설탕, 달걀을 넣고 거품을 내서 만듭니다.

22. 手で こすって 作る クッキーは どう やって 作りますか?

테데 코숫테 쯔쿠루 쿳키-와 도우 얏테 쯔쿠리마스카?

손으로 문질러 만드는 쿠키는 어떻게 만듭니까?

はい、手で こすって 作る クッキーは 小麦粉に 油脂を 入れ、手で こすって ガサガサした 状態に した後、他の 材料を 入れて 作ります。

하이, 테데 코숫테 쯔쿠루 쿳키-와 코무기코니 유시오 이레, 테데 코숫테 가사가사시타 죠우타이니 시타 아토, 타노 자이료우오 이레테 쯔쿠리마스.

네, 손으로 문질러 만드는 쿠키는 밀가루에 유지를 넣고 손으로 문질러서 부슬거리는 상태로 한 후 다른 재료를 넣어 만듭니다.

23. ブレンディング法 クッキーは どの ように 作りますか?

부렌딘구호우 쿳키이와 도노 요우니 쯔쿠리마스카?

블렌딩법 쿠키는 어떻게 만듭니까?

はい、ブレンディング法の クッキーは 油脂と 小麦粉を 入れて ソフトクリーム状に なるまで 混ぜ合わせ、さらに 残った 小麦粉と ほかの 材料を 加えて 生地を 固めて 作ります。

하이, 부렌딘구호우노 쿳키-와 유시토 코무기코오 이레테 소우도구리-무죠우니 나루마데 마세아와세 사리니 노콧타 코무기코토 호카노 자이료우오 쿠와에테 키지오 카타메테 쯔쿠리마스.

네, 블렌딩법 쿠키는 유지와 밀가루를 넣어 부드러운 크림 상태가 될 때까지 섞어 합쳐 다시 남은 밀가루와 다른 재료를 넣고 반죽을 뭉쳐 만듭니다.

24. クッキー(ビスケット)の 焼き温度は 何度ですか?

쿳키-(비스켓토)노 야키온도와 난도데스카?

쿠키(비스킷)의 굽기 온도는 몇 도입니까?

はい、クッキーの 焼き 温度は 170~180℃で 12~15分間 焼きます。

하이, 쿳키-노 야키 온도와 햐쿠나나쥬~햐쿠하치쥬우데 쥬우니~쥬우고분칸 야키마스.

네, 쿠키의 굽기 온도는 170~180℃로 12~15분간 굽습니다.

25. ショートブレッド クッキーは 何ですか?

쇼-토부렛도 쿳키-와 난데스카?

쇼트브레드(찍는 쿠키) 쿠키는 무엇입니까?

はい、ショートブレッド クッキーは 生地を 1センチの 厚さに 伸ばし、丸めてから 穴を つけて 焼いた クッキーで、サクサクした 味わいが 特徴です。

하이, 쇼-토부렛도 쿳키-와 키지오 이치 센치노 아쯔사니 노바시, 마루메테카라 아나오 쯔케테 야이타 쿳키-데, 사쿠사쿠시타 아지와이가 토쿠쵸우데스.

네, 쇼트브레드 쿠키는 반죽을 1cm 두께로 늘이고 동그랗게 성형한 뒤 구멍을 찍어 구운 쿠키로 바삭바삭한 맛이 특징입니다.

26. ショートブレッド クッキー配合

쇼-토부렛도 쿳키- 하이고우

쇼트 브레드 쿠키 배합

順序 쥰죠 순서	材料 자이료우 재료	配合 比率(%) 하이고우 히리쯔 배합 비율(%)	配合量(g) 하이코우료우 배합량(g)
1	薄力粉 하쿠리키코 박력분	100 햐쿠	100 햐쿠
2	バター 바타- 버터	50 고쥬우	50 고쥬우
3	砂糖 사토우 설탕	25 니쥬우고	25 니쥬우고
4	バニラ 바니라 바닐라	0.5 레이텐고	0.5 레이텐고
合計 코우게이 합계	-	175.5% 햐쿠나나쥬우고텐고	175.5g 햐쿠나나쥬우고텐고

シューは 何ですか?
なん

슈와 난데스카?

슈는 무엇입니까?

シューは 何^{なん}ですか?
슈-와 난데스카?
슈는 무엇입니까?

---

01. シューは 何^{なん}ですか?
슈-와 난데스카?
슈는 무엇입니까?

はい、シューは 皮^{かわ}の 形^{かたち}が キャベツに 似^にている ことから 付^つけられた 名前^{なまえ}で、フランス語^ごで パト ア ッシュ(Pate a Chou)と 呼^よばれて います。
하이, 슈-와 카와노 카타치가 캬베쯔니 니베이루 코토기리 쯔게리레다 나가세네, 후랏스 네 피도 이 슈 도 요바레테 이마스.
네, 슈는 껍질의 형태가 '양배추'와 닮아 붙여진 이름으로 프랑스어로 파트 아 슈(Pate a Chou)라고 합니다.

02. シューの 種類^{しゅるい}は 何^{なに}が ありますか?
슈-노 슈루이와 나니가 아리마스카?
슈의 종류는 무엇이 있습니까?

はい、シューの 生地^{きじ}は 1つで 種類^{しゅるい}は シュー、エグレア、スワン、パリプレスト、ベニエが あります。
하이, 슈-노 키지와 히토쯔데 슈루이와 슈-, 에구레아, 스완, 파리푸레스토, 베니에가 아리마스.
네, 슈의 반죽은 한 가지며, 종류는 슈, 에클레어, 백조, 파리경기장, 튀김슈가 있습니다.

シューの 種類(しゅるい)

슈-노 슈루이

슈의 종류

シュー 슈- 슈	エグレア 에구레아 에클레어	スワン 스완 백조	パリプレスト 파리푸레스토 파리 경기장	ベニエ 베니에 뒤김슈

03. シュー生地(きじ)の 材料(ざいりょう)は 何(なに)が ありますか?

슈-키지노 자이료우와 나니가 아리마스카?

슈 반죽의 재료는 무엇이 있습니까?

はい、シュー生地(きじ)の 材料(ざいりょう)は 水(みず)、バター(油脂(ゆし))、小麦粉(こむぎこ)、卵(たまご)の 4つが あります。

하이, 슈-키지노 자이료우와 미즈, 바타-(유시) 코무기코, 타마고노 욧쯔가 아리마스.

네, 슈 반죽의 재료는 물, 버터(유지), 밀가루, 달걀의 4가지가 있습니다.

シュー 生地(きじ)の 材料(ざいりょう)

슈-키지노 자이료우

슈 반죽의 재료

水(みず) 미즈 물	バター(油脂(ゆし)) 바타-(유시) 버터(유지)	小麦粉(こむぎこ) 코무기코 밀가루	卵(たまご) 타마고 달걀

04. シュー生地(きじ)の 材料(ざいりょう)の 役割(やくわり)は 何(なん)ですか?

슈-키지노 자이료우노 야쿠와리와 난데스카?

슈 반죽 재료의 역할은 무엇입니까?

はい、シュー生地(きじ)の 材料(ざいりょう)の 水(みず)、牛乳(ぎゅうにゅう)は デンプンの アルファ化(か)、油脂(ゆし)は グルテンの 形成(けいせい)を 防止(ぼうし)、小麦粉(こむぎこ)は 製品(せいひん)の 形(かたち)や 食感(しょっかん)、卵(たまご)は 風味(ふうみ)と まろやか

さを 与え、砂糖は 甘みや 色、洋酒は 風味、膨張剤は 膨張、ナッツや チーズは 風味を よくします。

하이, 슈-키지노 자이료우노 미즈, 규우뉴우와 덴푼노 아루화카, 유시와 구루텐노 케이세이오 호우시, 코무기코와 세이힝노 카타치야 쇼칸, 타마고와 후우미토 마로야카사오 아타에, 사토우와 아마미야 이로, 요우슈와 후우미, 보우죠우자이와 보우죠우, 낫쯔야 치-즈와 후우미오 요쿠시마스.

네, 슈 반죽의 재료의 물, 우유는 전분의 알파화, 유지는 글루텐 형성 방지, 밀가루는 제품의 형태와 식감, 달걀은 풍미와 부드러움을 주며, 설탕은 단맛과 색깔, 양주는 풍미, 팽창제는 팽창, 넛류와 치즈는 맛을 좋게 합니다.

05. シュー生地の 配合表

슈-키지노 하이고우효우

슈 반죽의 배합표

順序 준조 순서	材料 자이료우 재료	配合 比率(%) 하이고우 히리쯔 배합 비율(%)	配合量(g) 하이코우료우 배합량(g)
1	水(牛乳) 미즈(규우뉴우) 물(우유)	100 하쿠	100 하쿠
2	バター 바타- 버터	85 하치쥬우고	85 하치쥬우고
3	薄力粉 하쿠리키코 박력분	85 하치쥬우고	85 하치쥬우고
4	卵 타마코 달걀	120 하쿠니쥬우	120 하쿠니쥬우
5	塩 시오 소금	1 이치	1 이치
合計 코우게이 합계	-	391% 산바쿠규우쥬우이치	391g 산바쿠규우쥬우이치

06. シュー生地を 作る 順番は 何ですか?

슈-키지오 쯔쿠루 쥰방와 난데스카?

슈 반죽을 만드는 순서는 무엇입니까?

はい、シュー生地を 作る 順番は バター 溶かす→ 小麦粉 アルファ化→ 卵 混ぜ→ 生地しぼり → 水掛け→ 焼きです。

하이, 슈-키지오 쯔쿠루 쥰방와 바타- 토카스→ 코무기코 아루화카→ 타마고 마제→ 키지시보리→ 미즈카케→ 야키데스.

네, 슈 반죽을 만드는 순서는 버터 녹이기→ 밀가루 알파화→ 달걀 혼합→ 반죽 짜기→ 물 뿌리기→ 굽기입니다.

07. シュー生地 作りの 重要 事項は 何ですか?

슈- 키지 쯔쿠리노 쥬우요우 지코우와 난데스카?

슈 반죽 만들기의 중요사항은 무엇입니까?

はい、シューの 生地 作りの 重要な 点は 生地の 膨らみと 焼きです。

하이, 슈-노 키지 쯔쿠리노 쥬우요우나 텐와 키지노 후쿠라미토 야키데스.

네, 슈 반죽 만들기의 중요사항은 반죽 팽창과 굽기입니다.

08. シューの 膨張は どう なりますか?

슈-노 보우죠우와 도우 나리마스카?

슈의 팽창은 어떻게 됩니까?

はい、シューの ふくらみは 生地の 水分が 焼き中の 水蒸気へと 変化する 力で 膨らみます。

하이, 슈-노 후쿠라미와 키지노 스이분가 야키쥬우노 스이죠우키에토 헨카스루 치카라데 후쿠라미마스.

네, 슈의 팽창은 반죽의 수분이 굽기 중의 수증기로 변화되는 힘으로 부풀어집니다.

09. シュー生地の 焼き 方は 何ですか?

슈-키지노 야키 카타와 난데스카?

슈 반죽의 굽기 방법은 무엇입니까?

はい、シュー生地の 焼き方は 専用の 鉄板 使用、鉄板 油塗り、オーブンの温度、湿度、火の 調節が 必要です。

하이, 슈-키지노 야키카타와 센요우노 텟판 시요우, 텟판 아브라누리, 오-분노 온도, 시쯔도, 히노 죠우세쯔가 히쯔요우데스.

네, 슈 반죽의 굽기 방법은 전용 철판 사용, 철판 기름칠, 오븐의 온도, 습도, 불 조절이 필요합니다.

10. シューの 焼き 温度は 何度ですか?

슈-노 야키 온도와 난도데스카?

슈의 굽기 온도는 몇 도입니까?

はい、シューの 焼き 温度は 200℃で 25分ほど 焼きます。

하이, 슈-노 야기 온도와 니햐쿠데 니쥬우고분호도 야키마스.

네, 슈의 굽기 온도는 200℃로 25분 정도 굽습니다.

11. シューの 応用 製品は 何が ありますか?

슈-노 오우요우 세이힝와 나니가 아리마스카?

슈의 응용제품은 무엇이 있습니까?

はい、シューの 応用 商品は 焼き上がりの ピーリングの 変化に よって 料理も 応用され、エグレア、ベニエが あります。

하이, 슈-노 오우요우 쇼우힝와 야키아가리노 피-린구노 헨카니 욧테 료우리모 오우요우사레, 에구레아, 베니에가 아리마스.

네, 슈의 응용제품은 구운 후 필링의 변화에 따라 요리도 응용되며 에클레어, 튀김슈가 있습니다.

12. エクレア(英·Eclair、仏·Eclair)は 何ですか?

에쿠레아와 난데스카?

에클레어(영·Eclair, 프·Eclair)는 무엇입니까?

はい、エグレアは フランスの 大衆的な お菓子で、「稲妻」の 意味で 上面に 塗る ファンダンが 稲妻の ように 光り輝いて いると つけられた 名前 で、チョコレート、コーヒーの 風味と 香りを 入れた カスタードクリーム、 または コーヒーフォンダンを 塗ります。

하이, 에구레아와 후란스노 타이슈-테키나 오카시데, 「이나쯔마」 노 이미데 쇼우멘니 누루 횬당가 이나쯔마노 요우니 히카리 카가야이테 이루토 쯔케라레타 나마에데, 초코레-토, 코-히-노 후우미토 카오리오 이레타 카스타-도쿠리-무, 마타와 코-히- 횬당오 누리마스.

네, 에클레어는 프랑스의 대중적인 과자로 '번개'의 의미로 윗면에 칠하는 펀던트가 번개처럼 번쩍거리고 갈라져 있다고 붙여진 이름으로 초콜릿, 커피 맛과 향을 넣은 커스터드 크림 또는 커피 펀던트를 칠합니다.

13. エクレアの 配合表
에쿠레-아노 하이고우효우

에클레어의 배합표

順序 쥰죠 순서	材料 자이료우 재료	配合 比率(%) 하이고우 히리쯔 배합 비율(%)	配合量(g) 하이코우료우 배합량(g)
1	水 미즈 물 (牛乳 규우뉴우 우유)	100 햐쿠	100 햐쿠
2	バター 바타- 버터	50 고쥬우	50 고쥬우
3	塩 시오 소금	1 이치	1 이치
4	薄力粉 하쿠리키코 박력분	100 햐쿠	100 햐쿠
5	卵 타마코 달걀	125 햐쿠니쥬우코	125 햐쿠니쥬우코
合計 코우게이 합계	-	376% 산바큐나나쥬우로쿠	376g 산바큐나나쥬우로쿠

14. エクレアクリーム 配合表
에쿠레-아 쿠리-무 하이고우효우

에클레아 크림 배합표

順序 준죠 순서	材料 자이료우 재료	配合 比率(%) 하이고우 히리쯔 배합 비율(%)	配合量(g) 하이코우료우 배합량(g)
1	牛乳 규우뉴우 우유	100 햐쿠	100 햐쿠
2	砂糖 사토우 설탕	25 니쥬우고	25 니쥬우고
3	卵黄 란오우 노른자	20 니쥬우	20 니쥬우
4	薄力粉 하쿠리키코 박력분	7 나나	7 나나
5	澱粉 덴푼 전분	5 고	5 고
6	ココア粉末 코코아훈마쯔 코코아분말	5 고	5 고
7	バニラ 바니라 바닐라	0.5 레이텐고	0.5 레이텐고
8	ブランデー 브란디- 브랜디	15 쥬우고	15 쥬우고
9	生クリーム 나마쿠리-무 생크림	50 고쥬우	50 고쥬우
合計 코우게이 합계	-	228% 니햐쿠니쥬우하치	228g 니햐쿠니쥬우하치

15. エクレアを 作る 順番は 何ですか?

에쿠레아오 쯔쿠루 쥰방와 난데스카?

에클레어를 만드는 순서는 무엇입니까?

はい、エクレアの 生地 作り → 生地 絞り → 焼き → チョコクリーム作り → 仕上げです。

하이, 에쿠레아노 키지쯔쿠리 → 키지시보리 → 야키 → 초코쿠리-무쯔쿠리 → 시아게데스.

네, 에클레어 반죽 만들기 → 반죽 짜기 → 굽기 → 초코크림 만들기 → 마무리입니다.

第12課
だい　か

パイ生地は 何ですか?
　　きじ　　　なん

파이키지와 난데스카?

파이 반죽(접는 반죽)은 무엇입니까?

パイ生地(折りたたみ生地、ピュータージュ、Feuilletage)は 何ですか?

파이키지(오리타타미 키지, 퓨-타-주)와 난데스카?
파이 반죽(접는 반죽)은 무엇입니까?

01. パイ生地は 何ですか?
파이키지와 난데스카?
파이 반죽은 무엇입니까?

はい、パイ生地は 生地を 押し 伸ばして 複層に 作り 上げた 物です。
하이, 파이키지와 키지오 오시 노바시테 후쿠소우니 쯔쿠리아게타 모노데스.
네, 파이 반죽은 반죽을 밀어 펴서 여러 층의 민들이 7월낸 섯입니나.

02. パイ生地の 特性は 何ですか?
파이키지노 토쿠세이와 난데스카?
파이 반죽(접는 반죽)의 특성은 무엇입니까?

はい、パイ生地の 特性は 薄層の ショートネー性です。
하이, 파이키지노 토쿠세이와 우스소우노 쇼-토네-세이데스.
네, 파이 반죽의 특성은 얇은 층의 쇼트네성입니다.

03. パイ生地の ショートネー性は 何ですか?
파이키지노 쇼-토네-세이와 난데스카?
파이 반죽(접는 반죽)의 쇼트네성은 무엇입니까?

はい、ショートネ一性は 壊れやすいと いう意味で 焼き上げた 後、薄い
状態になり カリッとした 食感に なる 性質です。

하이, 쇼-토네-세이와 코와레야스이토 이우 이미데 야키아게타 아토, 우스이죠우타이니 나리 카릿토 시타 쇼칸니 나루 세이시쯔데스.

네, 쇼트네성은 부서지기 쉽다는 의미로 구워 낸 후 엷은 상태가 되어 바싹바싹한 식감을 주는 성질입니다.

04. パイ生地の ふくらみは どの ように して 作られますか？

파이키지노 후쿠라미와 도노 요우니 시테 쯔쿠라레마스카?

파이 반죽(접는 반죽)의 팽창은 어떻게 만들어집니까?

はい、パイ生地の 膨らみは 水分が 蒸気に なって 小麦粉の 層を 押し上
げ、バターが 溶けて 作られます。

하이, 파이키지노 후쿠라미와 스이분가 죠우키니 낫테 코무기코 소우오 오시아게, 바타-가 토케테 쯔쿠라 레마스.

네, 파이 반죽의 팽창은 수분이 증기가 되어 밀가루 층을 들어 올리고 버터가 녹아 만들어집니다.

05. パイ生地の 配合は 何ですか？

파이키지노 하이고우와 난데스카?

파이 반죽의 배합은 무엇입니까?

はい、パイ生地の 配合は 小麦粉と バターが 100 パーセント、水が 50
パーセントが 基本です。

하이, 파이키지노 하이고우와 코무기코토 바타-가 햐쿠 파-센토, 미즈가 고쥬우 파-센토가 키혼데스.

네, 파이 반죽의 배합은 밀가루와 버터가 100%, 물이 50%가 기본입니다.

06. パフ、ペーストリーは 何ですか？

파후, 페-스토리-토와 난데스카?

퍼프, 페이스트리는 무엇입니까?

はい、パフ、ペーストリーは イーストを 入れた 生地を 伸ばして ピーリングして 作ります。

하이, 파후, 페-스토리-와 이-스토오 이레타 키지오 노바시테 피-린구시테 쯔쿠리마스.

네, 퍼프, 페이스트리는 이스트를 넣은 반죽을 밀어 펴서 필링 후 만듭니다.

07. パイ生地の 製法は 何が ありますか?

파이키지노 세이호우와 나니가 아리마스카?

파이(접는) 반죽의 제법은 무엇이 있습니까?

はい、パイ生地は 折りパイ(ピュータージュノーマル)、練りパイ、混パイ、速成パイの 4種類の 製法が あります。

하이, 파이키지와 오리파이(퓨-타-쥬노-마루), 네리파이, 마제파이, 조쿠세이파이노 욘슈루이노 세이호우가 아리마스.

네, 파이(접는)반죽은 접지형 반죽(퓨타쥬노말), 이김파이, 혼합파이, 속성파이 등 4종류의 제법이 있습니다.

パイ生地の 製法

파이키지노 세이호우

파이 반죽의 제법

折りパイ	練りパイ	混ぜパイ	速成パイ
오리파이	네리파이	마제파이	소쿠세이파이
접지파이	이김파이	섞는파이	속성파이

08. 折りパイは どう やって 作るんですか?

오리파이와 도우얏테 쯔쿠루데스카?

접는 반죽은 어떻게 만듭니까?

はい、折りパイは 生地に 油脂を 包んで、3つ折りの 3回を 折って 押し伸ばして 作ります。

하이, 오리파이와 키지니 유시오 쯔즌데 밋쯔 오리노 산 카이오 옷테 오시 노바시테 쯔쿠리마스.

네, 접는 반죽은 반죽에 유지를 싸서 3절 접기 3회를 접어 밀어 펴서 만듭니다.

09. 速成 パイは どう やって 作りますか?

소쿠세이 파이와 도우얏테 쯔쿠리마스카?

속성 파이는 어떻게 만듭니까?

はい、速成 パイは バターを 小麦粉の 中に サイコロの 大きさに 四角く 切って、全部 材料を 軽く 混ぜ合わせ、数回 伸ばして、畳み込んで 薄い 層に なる ように 重ねて 作ります。

하이, 소쿠세이 파이와 바타-오 코무기코 나카니 사이코로노 오오키사니 시카쿠쿠 킷테, 젠부 자이료우오 카루쿠 마제아와세, 스우카이 노바시테 타타미콘데 우스이 소우니 나루요우니 카사네테 쯔쿠리마스.

네, 속성 파이는 버터를 밀가루 속에 주사위 크기로 사각으로 잘라 전부 재료를 가볍게 섞어 합쳐 수회 늘려서 접어 얇은 층이 되도록 쌓아 만듭니다.

10. 混ぜ パイは どう やって 作りますか?

마제파이와 도우얏테 쯔쿠리마스카?

이김 파이는 어떻게 만듭니까?

はい、混ぜ パイは バターに 小麦粉 1分の 3量を 混ぜ入れて、この 生地 で 生地を 包み、3つ折りに して 3回に 伸ばして 作りします。

하이, 마제파이와 바타-니 코무기코 이치 분노 이치、산료우오 마제이레테、코노 키지데 키지오 쯔쯔미, 밋쯔 오리니 시테 산 카이니 노바시테 쯔쿠리시마스.

네, 이김 파이 반죽은 버터에 밀가루 1/3 양을 섞어 넣고 이 반죽으로 반죽을 싸서 3절 접기 3회로 늘려 만듭니다.

11. ビエノワ 生地は どう やって 作るんですか?

비에노와 키지와 도우얏테 쯔쿠루데스카?

비에노와 반죽은 어떻게 만듭니까?

はい、ビエノワ 生地は バターの 1/2 を 入れて 練り、ミキシングした生地 を バターを 包んで 3つ折り 6回に 増やして 作ります。

하이, 비에노와 키지와 바타-노 1/2오 이레테 네리, 미키싱구시타 키지오 바타-오 쯔츤데 밋쯔 오리 로쿠카 이니 후야시테 쯔쿠리마스.

네, 비에노와 반죽은 버터의 1/2을 넣어 이겨 믹싱한 반죽을 버터를 싸서 3절 접기 6회 로 늘려 만듭니다.

12. 折りパイの 配合表(Patea Feuilletees)

오리파이노 하이고우효우

접지 파이의 배합표(접지파이, Pate a Feuilletees)

順序 쥰죠 순서	材料 자이로우 재료	配合 比率(%) 하이고우 히리쯔 배합 비율(%)	配合量(g) 하이코우료우 배합량(g)
1	強力粉 쿄우리키코 강력분	75 나나쥬우고	225 니햐쿠니쥬우고
2	薄力粉 하쿠리키코 박력분	25 니쥬우고	75 나나쥬우고
3	水 미즈 물	60 로큐쥬우	180 햐쿠하치쥬우
4	塩 시오 소금	1 이치	3 산
5	バター 바타- 버터	100 햐쿠	300 산뱌쿠
合計 코우게이 합계	-	261% 니햐쿠로쿠쥬우이치	783g 나나햐쿠하치쥬우산

13. 折りパイを 作る 順番は 何ですか?

오리파이오 쯔쿠루 쥰방와 난데스카?

접는 파이를 만드는 순서는 무엇입니까?

はい、折りパイを 作る 順番は 小麦粉を 篩る→ 水混ぜ→ 生地 作り→ バター混ぜ→ 生地 休止→ 生地 折(3つ折り 3回)→ 成形→ 焼きです。

하이, 오리 파이오 쯔쿠루 쥰방와 코무기코오 후리→ 미즈 마제→ 키지쯔쿠리→ 바타- 마제→ 키지 큐우시 → 키지오리(밋쯔 오리 산 카이)→ 세이케이→ 야키데스.

네, 접는 파이를 만드는 순서는 밀가루 체질→ 물 섞기→ 반죽 만들기→ 버터 섞기→ 반죽 휴지→ 반죽 접기(3절 접기 3회)→ 성형하기→ 굽기입니다.

14. パイ層の 計算 方法は 何ですか?

파이소우노 케이산 호우호우와 난데스카?

파이 층의 계산 방법은 무엇입니까?

はい、パイ層の 計算 方法は 3つ折りの 3回は 3×3×1=28階です。

하이, 파이소우노 케이산 호우호우와 밋쯔 오리노 산카이와 산 카케루×산 카케루×이치=니쥬우하치 카이데스.

네, 파이 층의 계산 방법은 3절 접기 3회는 3×3×3+1=28층입니다.

15. パイ層の 計算 方法

파이소우노 케이산 호우호우

파이 층의 계산 방법

	階折数の 計算方法は 次の とおりである。 카이오리카쯔노 케이산호우호우와 쯔기노 토오리데 아루 층 접기 수 계산 방법은 다음과 같다. 3つ折り3回= 28層、3×3×3+1(底 生地) 밋쯔 오리 산 카이 = 니쥬우하치 소우, 산 카케루 산 카케루 산 이치(소코키지) 3절 접기 3회=28층, 3×3×3+1(기본 밑 반죽) 3つ折り2回、4つ折り1回=37層、3×4×3+1(基本 下生地)밋 쯔 오리 니카이 욧쯔오리 잇카이= 산쥬우나나소우, 산 카케루 욘 카케루 산 이치(기혼키지) 3절 접기 2회, 4절 접기 1회=37층, 3×4×3+1(기본 밑 반죽) 3つ折り 4回=3×3×3×1=82層 밋쯔 오리 욘카이 = 하치니소우, 산 카케루 산 카케루 산 이치 = 하치쥬우니소우 3절 접기 4회 3×3×3×3+1=82층
パイ層の 計算方法 파이소우노 케이산호우호우 파이의 접는 층 계산법

3つ折り 5回3×3×3×3+1=244層

밋쯔 오리 고카이 산카이루산카레이치 소우 산 카케 = 니하큐윤쥬우윤소우

3절 접기 5회 3×3×3×3+1=244층

3つ折り 6回3×3×3×3×3+1=730層

밋쯔 오리 로쿠카이 산카이루 산카레루 산카레루산 산카케루산 이치 = 나나햐쿠산쥬우소우.

3절 접기 6회 3×3×3×3×3+1=730층

3つ折り、4つ折りそれぞれ2回3×4×3×4+1=145層

밋쯔 오리 욧쯔오리 소레조레 쿠니카이 산카이루 욘카레루 산카레루 산카레루산 이치 = 나나햐쿠산쥬우소우

3절, 4절 접기 각각 2회 3×4×3×4+1=145층

生地の 折り数や 仕上がりの 成形の 厚みに よってふくらみ、食感が 変化します。

키지노 오리카쯔야 시아가리노 세이케이노 아쯔미니 욧테 후쿠라미 쇼칸가 헨카시마스.

반죽의 접는 수와 마무리 성형의 두께에 따라 부풀음, 식감이 변합니다.

第13課

タルトは 何ですか?

타루토와 난데스카?

타르트(Tarte)는 무엇입니까?

タルトは 何ですか?
타루토와 난데스카?
타르트(Tarte)는 무엇입니까?

---

01. タルトは 何ですか?
타루토와 난데스카?
타르트는 무엇입니까?

はい、タルトは パイ生地で 下敷きを 作り クリーム、フルーツを 入れて 詰めて 焼き上げた 物です。

하이, 타루토와 파이키지데 시타지키오 쓰쿠리 구리-무, 후루 프오 이레테 씨매테 아키아게타 모노데스.

네, 타르트는 파이 반죽으로 밑받침을 만들어 크림, 과일을 넣고 채워 구워내서 만든 것입니다.

02. タルトは なんと 呼びますか?
타루토와 난토 요비마스카?
타르트는 무엇이라 부릅니까?

はい、タルトは フランス語で タルト、イタリア語で トルタ、英米は タルト と 呼びます。

하이, 타루토와 후란스고데 타루토, 이타리아고데 토루타, 에이베이데와 타루토토 요비마스.

네, 타르트는 프랑스어로 타르트, 이탈리아어로 토르타, 영·미국에서는 타트라고 부릅니다.

03. タルトの 歴史は 何ですか?

타루토노 레키시와 난데스카?

타르트의 역사는 무엇입니까?

はい、タルトの 歴史は 16世紀の ドイツが 発祥の 地で、フランス、イタリア、イギリス、アメリカで 発展しました。

하이, 타루토노 레키시와 쥬우로쿠 세이키노 도이쯔가 핫쇼우노 치데, 후란스, 이타리아, 이기리스, 아메리카데 핫텐시마시타.

네, 타르트의 역사는 16세기 독일이 발상지로, 프랑스, 이탈리아, 영국, 미국에서 발전했습니다.

04. ドイツ タルトの 特徴は 何ですか?

도이쯔 타루토노 토쿠쬬우와 난데스카?

독일 타르트의 특징은 무엇입니까?

はい、ドイツ タルトの 特徴は 中世の 教会で 行事する お祭りの たびに 作られました。

하이, 도이쯔 타루토노 토쿠쬬우와 쥬우세이노 코우카이데 교우지스루 오마쯔리노 타비니 쯔쿠라레마시타.

네, 독일 다르드의 특징은 중세 교회에서 행사하는 축제 때마다 만들어졌습니다.

05. フランス タルトは 何が ありますか?

후란스 타루토와 나니가 아리마스카?

프랑스 타르트는 무엇이 있습니까?

はい、フランス タルトは 19世紀から 人気の 商品と なり、タルトオプレーズ、タルト オ カシスが あります。

하이, 후란스 타루토니와 쥬우큐세이키 카라 닌키노 쇼우힝토 나리, 타루토 오 푸레-즈, 타루토 오 카시스가 아리마스.

네, 프랑스 타르트는 19세기부터 인기 제품이 되어 딸기 타르트, 검정 베리 타르트가 있습니다.

06. イタリア タルトは 何が ありますか?

이타리아 타루토니와 나니가 아리마스카?

이탈리아 타르트는 무엇이 있습니까?

はい、イタリア タルトは 甘口、塩味の 2種類が あり、塩味の タルトは 料理を 作ります。

하이, 이타리아노 타루토와 아마쿠치, 시오아지노 니슈루이가 아리, 시오아지노 타루토와 료우리오 쯔쿠리마스.

네, 이탈리아 타르트는 단맛, 짠맛의 2가지가 있으며 짠맛의 타르트는 요리를 만듭니다.

07. アメリカ、イギリス タルトは 何が ありますか?

아메리카, 이기리스 타루토와 나니가 아리마스카?

미국, 영국 타르트는 무엇이 있습니까?

はい、アメリカ、イギリス タルトは アップルパイ、ピーカンパイ、カボチャパイが 多く 作られて います。

하이, 아메리카, 이기리스 타루토니와 앗푸루파이, 피-칸파이, 카보챠파이가 오오쿠 쯔쿠라레테이마스.

네, 미국, 영국의 타르트는 애플파이, 피칸 파이, 호박파이가 많이 만들어지고 있습니다.

08. タルトの 種類は 何が ありますか?

타루토노 슈루이와 나니가 아리마스카?

타르트의 종류는 무엇이 있습니까?

はい、タルトの 種類は、下生地は 用途に 応じて、菓子用、料理用が あり、菓子用は パト シュクレ、料理用は パト ブレゼ、パトファテが あります。

하이, 타루토노 슈루이와 파토 슈크레, 료우리요우와 파토 부레제, 파토 화테가 아리마스.

네, 타르트의 종류는 밑반죽은 용도에 따라 과자용, 요리용이 있으며, 과자용은 파트 슈크레, 요리용은 파트 브레제, 파트 파테가 있습니다.

タルトの 分類
타르토노 분루이
타르트의 분류

国別 タルト 쿠니베쯔 타루토 나라별 타르트	フランス タルト 후란스 타루토 프랑스 티르트	イタリア タルト 이타리아 타루토 이달리아 타르트	イギリス タルト 이기리스 타루토 영국 타르트	アメリカ タルト 아메리카 타루토 미국 타르트
タルトの 用途 타루토노 요우토 타르트의 용도	菓子用 タルト 카시요우 타루토 과자용 타르트	料理用 タルト 료우리요우 타루토 요리용 타르트	-	-
タルトの 種類 타루토노 슈류이 타르트의 종류	アーモンド タルト 아-몬도 타르토 아몬드 타르트	洋梨タルト 요우나시 타트토 서양배 타르트	苺タルト 이치고 타르토 딸기타르트	チェリータルト 체리 타루토 체리타르트

09. タルトの 配合表
타루토노 하이고우효우
타르트의 배합표

順序 쥰죠 순서	材料 자이료우 재료	配合 比率(%) 하이고우 히리쯔 배합 비율(%)	配合量(g) 하이코우료우 배합량(g)
1	薄力粉 하쿠리키코 박력분	100 햐쿠	250 니햐쿠고쥬우
2	バター 바타- 버터	50 고쥬우	125 햐쿠니쥬우코
3	砂糖 사토우 설탕	50 고쥬우	125 햐쿠니쥬우코
4	卵 타마코 달걀	60 로큐쥬우	150 햐큐고쥬우

5	バニラ 바니라 바닐라	0.1 레이텐이치	0.25 레이텐니고
合計 코우게이 합계	-	260.1% 니햐쿠로쿠쥬우텐이치	650.25g 롯파큐레이텐니고

10. タルトを 作る 順番は 何ですか?

타루토오 쯔쿠루 쥰방와 난데스카?

타르트를 만드는 순서는 무엇입니까?

はい、タルトを 作る 順番は 型の 準備→ バター混ぜ→ 砂糖混ぜ→ 卵混ぜ→ 小麦粉 混ぜ→ 練り休止→ 成形→ ピーリング→ 焼きです。

하이, 타루토오 쯔쿠루 쥰방와 카타노 준비→ 바타–마제→ 사토우 마제→ 타마고 마제→ 코무기코 마제→ 네리 큐우사→ 세이케이→ 피–린구→ 야키데스.

네, 타르트를 만드는 순서는 틀 준비→ 버터 젓기→ 설탕 섞기→ 달걀 섞기→ 밀가루 섞기→ 반죽 휴지→ 성형→ 필링→ 굽기입니다.

11. タルトの 焼きは どう しますか?

타루토노 야키와 도우시마스카?

타르트의 굽기는 어떻게 합니까?

はい、タルトの 焼きは オーブン温度 180℃で 25~40分間 焼きます。

하이, 타루토노 야키와 오–분온도 햐쿠하치쥬우도데 니쥬우고~욘쥬우분칸 야키마스.

네, 타르트의 굽기는 오븐 온도 180℃에서 25~40분간 굽습니다.

12. タルトの 製法は 何が ありますか?

타루토노 세이호우와 나니가 아리마스카?

타르트의 제법은 무엇이 있습니까?

はい、タルトの 製法は クリーム法が あります。

하이, 타루토노 세이호우와 쿠리-무호우가 아리마스.

네, 타르트의 제법은 크림법이 있습니다.

13. タルトを 作り 方法は 何が ありますか?

타루토오 쯔쿠리 호우호우와 나니가 아리마스카?

타르트를 만드는 방법은 무엇이 있습니까?

はい、タルトの 作り方法は パテ・スクレ、パテ・ブリーゼ、パテ・ポンセの 3
種類が あります。

하이, 타루토노 쯔쿠리 호우호우와 파테 스쿠레, 파테 부리-제, 파테 폰세노 산 슈루이가 아리마스.

네, 타르트를 만드는 방법은 파트 수크레, 파트 브리제, 파트 퐁세가 3가지가 있습니다.

タルトの 作り方法

타루토노 쯔쿠리 호우호우

타르트의 만드는 방법

パテ・スクレ	パテ・ブリーゼ	パテ・ポンセ
파테 스쿠레	파테 부리-제	파테 폰세
파트 수크레	파트 브리제	파트 퐁세

14. パテ・スクレ(Pate Sucree)は 何ですか?

파테 스쿠레와 난데스카?

파트 슈크레(Pate Sucree)는 무엇입니까?

はい、パートスクレは 砂糖が 入った タルト生地で ガレット、プチブルを
作ります。

하이, 파-토 슈쿠레와 사토우가 하잇타 타루토 키지데 가렛토, 푸치부루오 쯔쿠리마스.

네, 파트 수크레는 설탕이 들어간 타르트 반죽으로 갈레트, 프티블을 만듭니다.

15. タルトの 種類別 配合表
타루토노 슈루이베쯔 하이고우효우

타르트의 종류별 배합표

順序 쥰죠 순서	製造過程 세이조우가테이 제조과정	材料 자이료우 재료	配合比率(%) 하이고우 히리쯔 배합 비율(%)	配合量(g) 하이코우료우 배합량(g)
1	パートスクレ 파-토 슈크레 파트 수크레 (Pate Sucree) 파트 샤브레 (Pate Sablee)	薄力粉 하쿠리키코 박력분	100 햐쿠	250 니햐쿠고쥬우
		バター 바타- 버터	60 로큐쥬우	150 햐큐고쥬우
		砂糖 사토우 설탕	40 욘쥬우	100 햐쿠
		卵 타마코 달걀	24 니쥬우욘	60 로큐쥬우
		バニラ 바니라 바닐라	0.1 레이텐이치	1 이치
		合計 코우게이 합계	224.1% 니햐쿠니쥬우욘텐이치	661g 롯파큐로쿠주유이치
2	パート ブリッセ 파-토 부릿세 파트 브리제 (Pate Brisee)	薄力粉 하쿠리키코 박력분	100 햐쿠	250 니햐쿠고쥬우
		バター 바타- 버터	70 나나쥬우	175 햐쿠나나쥬우고
		砂糖 사토우 설탕	0 레이	0 레이
		塩 시오 소금	0.12 레이텐이치니	6 로쿠

		水 みず 미즈 물	30 さんじゅう 산쥬우	75 ななじゅうご 나나쥬우고
		バニラ 바니라 바닐라	0.1 れいてんいち 레이텐이치	1 いち 이치
		合計 こうけい 코우게이 합계	200.22% にひゃくてんにに 니햐쿠텐니니	507g ごひゃくなな 고햐쿠나나
3	パテ・ポンセ 파테 폰세 **파트 퐁세** (Pate Foncer)	薄力粉 はくりきこ 하쿠리키코 박력분	100 ひゃく 하쿠	250 にひゃくごじゅう 니햐쿠고쥬우
		塩 しお 시오 소금	0.12 れいてんいちに 레이텐이치니	3 さん 산
		砂糖 さとう 사토우 설탕	4 よん 욘	10 じゅう 쥬우
		卵黄 らんおう 란오우 노른자	8 はち 하치	20 にじゅう 니쥬우
		バター 바타― 버터	60 ろくじゅう 로큐쥬우	150 ひゃくごじゅう 햐큐고쥬우
		水 みず 미즈 물	40 よんじゅう 욘쥬우	100 ひゃく 하쿠
		合計 こうけい 코우게이 합계	212.12% にひゃくじゅうにてんいちに 니햐쿠쥬우니텐이치니	533g ごひゃくさんじゅうさん 고햐쿠산쥬우산

16. パート スクレの 特徴は 何ですか?

とくちょう　　なん

파트 스쿠레노 토쿠죠우와 난데스카?

파트 슈크레의 특징은 무엇입니까?

はい、パートの スクレの 特徴は 砂糖が 入って 砂の ように つぶれ やすいんです。

하이, 파트노 스쿠레노 토쿠쵸우와 사토우가 하잇테 스나노 요우니 쯔부레 야스인데스.

네, 파트 슈크레의 특징은 설탕이 들어가 모래처럼 부서지기 쉽습니다.

17. パート スクレを 作る 順番は 何ですか?

파트 스쿠레오 쯔쿠루 쥰방와 난데스카?

파트 슈크레를 만드는 순서는 무엇입니까?

はい、パート スクレ 生地を 作る 順番は 小麦粉ふり→ 材料混ぜ→ 生地休止→ 成形→ ピーリング→ 焼きです。

하이, 파트 스쿠레 키지오 쯔쿠루 쥰방와 코무기코 후리→ 자이료우 마제 →키지 큐우사→ 세이케이 피-링구→ 야키데스.

네, 파트 슈크레 반죽을 만드는 순서는 밀가루 체질→ 재료 섞기→ 반죽 휴지→ 성형→ 필링→ 굽기입니다.

18. パート スクレ 焼きって 何ですか?

파-트 스쿠레 야킷테 난데스카?

파트 슈크레 굽기는 무엇입니까?

はい、パートスクレ 焼きは 温度 180℃で、商品の 大きさに よって 25から 40分 焼き上げます。

하이, 파트 스쿠레 야키와 온도 햐쿠하치쥬우 도데, 쇼우힝노 오오키사니 욧테 니쥬우고 카라 욘쥬우분 야키아게마스.

네, 파트 수크레 굽기는 온도 180℃에서 제품 크기에 따라 25~40분간 구워냅니다.

19. パート ブリッセ(Pate Brisee)は 何ですか?

파-토 부릿세와 난데스카?

파트 브리세(Pate Brisee)는 무엇입니까?

はい、パトブリッセは 砂糖を いれていない 受け皿 用の 生地です。

하이, 파토 부릿세와 사토우오 이레테 이나이 우케자라 요우노 키지데스.

네, 파트 브리세는 설탕이 들어가지 않은 받침용의 반죽입니다.

20. パート・ブリッセ(Pate Brisee)は 何を 作りますか？

파-토 부릿세와 나니오 쯔쿠리마스카?

파트 브리세(Pate Brisee)는 무엇을 만듭니까?

はい、パトブレッセは 果実クリームを 詰め込んで 焼きパイ、タルトに よく 使われます。

하이, 파토 부릿세와 카지쯔 쿠리-무오 쯔메콘데 야키 파이, 타루토니 요쿠 쯔카와레마스.

네, 파트 브리세는 과실 크림을 충전해 굽는 파이, 타르트에 많이 사용합니다.

21. パートブリーゼを 作る 順番は 何ですか？

파-토 부리-제오 쯔쿠루 쥰방와 난데스카?

파트 브리세를 만드는 순서는 무엇입니까？

はい、パト ブレッセを 作る 順番は 小麦粉と バター混ぜ➔ 材料混ぜ➔ 練り込み➔ 成形➔ ピーリング➔ 焼きです。

하이, 파토 부렛세오 쯔쿠루 쥰방와 코무기코토 바타- 마제➔ 자이료우 마제 ➔ 네리코미➔ 세이케이➔ 피-린구➔ 야키데스.

네, 파트 브리세를 만드는 순서는 밀가루와 버터 섞기➔ 재료 섞기➔ 반죽 휴지➔ 성형하기➔ 필링➔ 굽기입니다.

22. パート ブリッセの 焼き 温度は 何度ですか?

파-토 부릿세노 야키온도와 난도데스카?

파트 브리세의 굽기 온도는 몇 도입니까？

はい、パート ブリッセの 焼き温度は 180℃で、大きさに よって 25~40 分ほど 焼き上げます。

하이, 파-토부릿세노 야키온도와 하쿠하치쥬우도데, 오오키사니 욧테 니쥬우고~욘쥬우분호도 야키아게마스.

네, 파트 브리세의 굽기 온도는 180℃로 크기에 따라 25~40분간 구워냅니다.

プリンは 何<ruby>なん</ruby>ですか?

푸린와 난데스카?

푸딩은 무엇입니까?

プリン(Pudding)は 何ですか?
푸린와 난데스카?
푸딩은 무엇입니까?

01. プリンは 何ですか?
푸린와 난데스카?
푸딩은 무엇입니까?

はい、プリンは 卵の 熱を 利用して 作る 柔らかい 食感の お菓子です。
하이, 푸린와 타마고노 네쯔오 리요우시테 쯔쿠루 야와라카이 쇼칸노 오카시데스.
네, 푸딩은 달걀의 열 응고를 이용하여 만드는 부드러운 식감을 지닌 과자입니다.

02. プリンの 歴史は 何ですか?
푸린노 레키시와 난데스카?
푸딩의 역사는 무엇입니까?

はい、プリンの 歴史は 5~6世紀に イギリスで 作られました。
하이, 푸린노 레키시와 고~로쿠세이키니 이기리스데 쯔쿠라레마시타.
네, 푸딩의 역사는 5~6세기 영국에서 만들어졌습니다.

03. プリンの 種類は 何が ありますか?
푸린노 슈루이와 나니가 아리마스카?
푸딩의 종류는 무엇이 있습니까?

はい、プリンの 種類は 温かいプリン、冷たい プリン、甘味プリン、塩味プリン、木の実プリン、米プリンが あります。

하이, 푸린노 슈루이와 아타타카이 푸린, 쯔메타이 푸린, 아마미푸린, 시오아지푸린, 키노미푸린, 코메푸린가 아리마스.

네, 푸딩의 종류는 따뜻한 푸딩, 차가운 푸딩, 단맛 푸딩, 짠맛 푸딩, 나무 열매 푸딩, 쌀 푸딩이 있습니다.

プリンの 種類
푸린노 슈루이

푸딩의 종류

温かい プリン 아타타카이 푸린 따뜻한 푸딩	冷たい プリン 쯔메타이 푸린 차가운 푸딩	甘味 プリン 아마미 푸린 단맛 푸딩	塩味 プリン 시오아지 푸린 짠맛 푸딩
木の実 プリン 키노미 푸린 과일 열매 푸딩	米 プリン 코메 푸린 쌀 푸딩	パン プリン 팡 푸린 빵 푸딩	牛乳 プリン- 큐우뉴우 푸린 우유 푸딩

04. プリン 配合の 種類は 何が ありますか?

푸린 하이고우노 슈루이와 나니가 아리마스카?

푸딩 배합의 종류는 무엇이 있습니까?

はい、プリン 配合の 種類は ミルク プリン、スポンジ プリン、スフレプリン、スエット プリンが あります。

하이, 푸린 하이고우노 슈루이와 미루쿠 푸린, 스폰지 푸린, 스후레 푸린, 스엣토 푸린가 아리마스.

네, 푸딩 배합의 종류는 우유 푸딩, 스펀지 푸딩, 수플레 푸딩, 스엣트 푸딩이 있습니다.

プリン配合の 種類
푸린 하이고우노 슈루이
푸딩 배합의 종류

ミルク プリン	スポンジ プリン	スフレ プリン	スエット プリン
미루쿠 푸린	스폰지 푸린	스후레 푸린	스엣토 푸린
우유 푸딩	스펀지 푸딩	수플레 푸딩	스엣트 푸딩

05. プリンの 材料は 何が ありますか？
푸린노 자이료우와 나니가 아리마스카?
푸딩의 재료는 무엇이 있습니까?

はい、プリンの 材料は 牛乳、砂糖、小麦粉、卵、油脂、パン、米、果物が あります。
하이, 푸린노 자이료우와 규우뉴우, 사토우, 코무기코, 타마고, 유시, 팡, 코메, 쿠타모노가 아리마스.
네, 푸딩의 재료는 우유, 설탕, 밀가루, 달걀, 유지, 빵, 쌀, 과일이 있습니다.

プリンの 材料
푸린노 자이료우
푸딩의 재료

牛乳	砂糖	小麦粉	卵
큐우뉴우	사토우	코쿠키코	다마코
우유	설탕	밀가루	달걀
油脂	パン	米	果物
유시	팡	코메	쿠다모노
유지	빵	빵푸딩	과일

06. カスタード プディングの 配合表
카스타-도 푸딩구노 하이고우효우

커스터드 푸딩(custard pudding)의 배합표

順序 쥰죠 순서	材料 자이료우 재료	配合比率(%) 하이고우 히리쯔 배합 비율(%)	配合量(g) 하이코우료우 배합량(g)
1	牛乳 규우뉴우 우유	100 햐쿠	500 고햐쿠
2	砂糖 사토우 설탕	25 니쥬우고	125 햐쿠니쥬우코
3	卵 타마코 달걀	20 니쥬우	100 햐쿠
4	バニラ 바니라 바닐라	0.5 레이뎅고	2.5 니뎅고
5	カラメル 카라메루 캐러멜	0.5 레이뎅고	2.5 니뎅고
合計 코우게이 합계	-	146% 햐쿠욘쥬우로쿠	729g 나나햐쿠니쥬우큐우

07. カスタード プリンを 作る 順番は 何ですか?
카스타-도 푸린오 쯔쿠루 쥰방와 난데스카?

커스터드 푸딩을 만드는 순서는 무엇입니까?

はい、カスタード プリンを 作る 順番は キャラメル 作り→ プリンの 生地
作り→ 型入れ→ プリン焼き → 保管 管理です。

하이, 카스타-도 푸린오 쯔쿠루 쥰방와 캬라메루쯔쿠리→ 푸린노 키지쯔쿠리→ 카타이레→ 푸린야카→ 호칸
칸리데스.

네, 커스터드 푸딩을 만드는 순서는 캐러멜 만들기→ 푸딩 반죽 만들기→ 틀 넣기→
푸딩 굽기→ 보관 관리입니다

08. プリンの 焼きは どう しますか?

푸린노 야키와 도우 시마스카?

> 푸딩의 굽기는 어떻게 합니까?

はい、プリンの 焼きは オーブンの 鉄板に プリンの 型が 1/3を 浸かる くらい お湯を 入れ、温度 160から 180℃で 30から 40分 ほど 蒸し焼 きを します。

하이, 푸린노 야키와 오-분노 텟판니 푸린노 카타가 이지/산오 쯔카루쿠라이 오유오 이레, 온도 햐쿠로쿠쥬우 카라 햐쿠하치쥬우 도데 산쥬우분 카라~욘쥬우 분호도 무시야키오 시마스.

> 네, 푸딩의 굽기는 오븐의 철판에 푸딩 틀이 1/3을 잠길 정도 뜨거운 물을 넣고 온도 160~180℃로 30~40분간 찜 굽기를 합니다.

アントルメは 何^{なん}ですか?

앙토루메와 난데스카?

앙트르메는 무엇입니까?

アントルメ(entremets)は 何ですか？

앙토루메와 난데스카?

앙트르메는 무엇입니까?

01. アントルメは 何ですか？

앙토루메와 난데스카?

앙트르메는 무엇입니까?

はい、アントルメは 食後の 甘みを 与える デザートです。

하이, 앙토루메와 쇼쿠고노 아마미오 아타에루 데자-토데스.

네, 앙트르메는 식후의 단맛을 주는 디저트입니다.

02. アントルメの 歴史は 何ですか？

앙토루메노 레키시와 난데스카?

앙트르메의 역사는 무엇입니까?

はい、アントルメの 歴史は 12世紀 ごろ 料理の 中間に 出てくる 料理が 始まりです。

하이, 앙토루메노 레키시와 쥬우니 세이키 고로 료우리노 쥬우칸니 데테쿠루 료우리가 하지마리데스.

네, 앙트르메의 역사는 12세기경 요리의 중간에 나오는 요리가 시작입니다.

03. アントルメの 種類は 何が ありますか?

앙토루메노 슈루이와 나니가 아리마스카?

앙트르메의 종류는 무엇이 있습니까?

はい、アントルメの 種類は 温かい 物、冷たい 物が あります。

하이, 앙토루메노 슈루이와 아타타카이 모노, 쯔메타이 모노가 아리마스.

네, 앙트르메의 종류는 따뜻한 것, 찬 것이 있습니다.

04. アントルメの 種類は 何が ありますか?

앙토루메노 슈루이와 나니가 아리마스카?

앙트르메 종류는 무엇이 있습니까?

はい、アントルメ 種類は スフレ、クレープ、ババルア、ゼリー、タルト、
プティガートなどが あります。

하이, 앙토루메 슈루이와 스후레, 쿠레-푸, 바바루아, 제리-, 타루토, 푸티가토 나도가 아리마스.

네, 앙트르메 종류는 수플레, 크레프, 바바루아, 젤리, 타르트, 푸티가토 등이 있습니다.

アントルメ 種類

앙토루메 슈루이

앙트르메 종류

スフレ 스후레 수플레	クレープ 쿠레-푸 크레프	ババルア 바바루아 바바루아
ゼリー 제리- 젤리	タルト 타루토 타르트	プティガート 푸티가-토 푸티가토

05. スフレの 意味は 何ですか?

스후레노 이미와 난데스카?

수플레의 의미는 무엇입니까?

はい、スフレの 意味は フランス語で「ふくらむ」と「人を 待たせる」という意味で、生地を 焼いて、2~3倍に ふくらませると いう ことです。
하이, 스후레노 이미와 후란스고데 후쿠라무토 히토오 마타세루 토이우 이미데, 키지오 야이테, 니~산 바이니 후쿠라마세루토 이우 코토데스.
네, 수플레의 의미는 프랑스어로 '부풀리다'와 '사람을 기다리게 한다'라는 뜻으로 반죽을 구워서 2~3배로 부풀린다로 붙여진 것입니다.

06. スフレは 何が ありますか?
스후레와 나니가 아리마스카?
수플레는 무엇이 있습니까?

はい、スフレは 卵白の 泡に カスタードクリームなどを 混ぜ、オーブンで 膨らませて 焼いた フランスの デザートで、熱い ときに お出しする メレンゲの 一種です。
하이, 스후레와 란파쿠노 아와니 카스타-도 쿠리-무나도우 마제, 오-분데 후쿠라마세테 야이타 후란스노 데자-토데 아쯔이 토키니 오다시스루 메렌게노 잇슈데스.
네, 수플레는 달걀흰자 거품에 커스터드 크림 등을 섞어 오븐에서 부풀려 구운 프랑스 디저트로 뜨거울 때 제공하는 머랭의 일종입니다.

07. スフレの 種類は 何が ありますか?
스후레노 슈루이와 나니가 아리마스카?
수플레의 종류는 무엇이 있습니까?

はい、スフレの 種類は 甘味、果物 味の スフレが あります。
하이, 스후레노 슈루이와 아마미, 쿠다모노 아지노 스후레가 아리마스.
네, 수플레의 종류는 단맛, 과일 맛의 수플레가 있습니다.

08. スフレの 膨張 方法は 何が ありますか?
스후레노 보우죠우 호우호우와 나니가 아리마스카?
수플레의 팽창 방법은 무엇이 있습니까?

はい、スフレの 膨張 方法は 卵白 膨張、ベーキングパウダー 膨張、イース
ト膨張が あります。

하이, 스후레노보우죠우 호우호우와 란파쿠 보우죠우, 베-킨구파우다-보우죠우, 이-스토보우죠우가 아리마스.

네, 수플레의 팽창 방법은 흰자 팽창, 베이킹파우더 팽창, 이스트 팽창이 있습니다.

09. スフレの 焼きは どう するんですか?

스후레노 야키와 도우 스룬데스카?

수플레의 굽기는 어떻게 합니까?

はい、スフレの 焼きは 湯煎で 焼いて すぐに お届けします。

하이, 스후레노 야키와 유센데 야이테 스구니 오토도케시마스.

네, 수플레의 굽기는 중탕으로 구우며, 구워서 바로 제공합니다.

10. スフレ 製品は 何が ありますか?

스후레 세이힝와 나니가 아리마스카?

수플레 제품은 무엇이 있습니까?

はい、スフレ 商品は スイート スフレと セイボリー スフレが あります。

하이, 스후레 쇼우힝와 스이-토 스후레토 세이보리- 스후레가 아리마스.

네, 수플레 제품은 스위트 수플레와 세이보리 수플레가 있습니다.

11. スイート スフレは どう やって 作りますか?

스이-토 스후레와 도우 얏테 쯔쿠리마스카?

스위트 수플레는 어떻게 만듭니까?

はい、スイートス フレは 果物、砂糖、卵白を 泡立て、バニラと 洋酒を 入れ
て 作ります。

하이, 스이-토 스후레와 쿠다모노, 사토우, 란파쿠오 아와다테테, 바니라토 요우슈오 이레테 쯔쿠리마스.

네, 스위트 수플레는 과일, 설탕, 달걀흰자를 거품을 올리고, 바닐라와 양주를 넣어 만듭니다.

12. スフレ(直径8cm、容器 5個分)の 配合表
스후레(죠케이 핫센치메에토루 요우키 고코분노) 하이고우효우

수플레(직경8cm, 용기 5개분)의 배합표

順序 쥰죠 순서	材料 자이료우 재료	配合 比率(%) 하이고우 히리쯔 배합 비율(%)	配合量(g) 하이코우료우 배합량(g)
1	牛乳 규우뉴우 우유	100 햐쿠	200 니햐쿠
2	バター 바타- 버터	40 욘쥬우	80 하치쥬우
3	塩 시오 소금	1 이치	2 니
4	砂糖 사토우 설탕	40 욘쥬우	80 하치쥬우
5	薄力粉 하쿠리키코 박력분	40 욘쥬우	80 하치쥬우
6	卵 타마코 달걀	100 햐쿠	200 니햐쿠
7	バニラ 바니라 바닐라	0.5 레이텐고	1 이치
合計 코우게이 합계	-	321.5% 산바큐니쥬우잇텐고	643g 롯퍄큐욘쥬우산

13. スフレを 作る 順番は 何ですか？
스후레오 쯔쿠루 쥰방와 난데스카?

수플레를 만드는 순서는 무엇입니까?

はい、スフレを 作る 順番は ルー作り→ 牛乳沸かす→ 卵黄混ぜ→ 卵白泡あげ→ パンニング→ 焼き→ 提供です。

하이, 스후레오 쯔쿠루 쥰방와 루우쯔쿠리→ 규우뉴우니와카스→ 란오우 마제→ 란파쿠아와 아게→ 판닌구 → 야카→ 테이쿄우데스.

네, 수플레를 만드는 순서는 루 만들기→ 우유 끓이기→ 노른자 섞기→ 흰자 거품 올리기→ 팬닝→ 굽기→ 제공입니다.

14. クレープは 何ですか?

쿠레-푸와 난데스카?

크레프는 무엇입니까?

はい、クレープは 小麦粉に 卵、牛乳を 混ぜ、生地を 薄く 丸く 焼いたり、焼いた 物です。

하이, 쿠레-푸와 코무기코니 타마고, 규우뉴우오 마제, 키지오 우스쿠 마루쿠 야이타리, 야이타 모노데스.

네, 크레프는 밀가루에 달걀, 우유를 섞어 반죽을 얇고 둥글게 굽거나 부친 것입니다.

15. クレープの 歴史は 何ですか?

쿠레-푸노 레키시와 난데스카?

크레프의 역사는 무엇입니까?

はい、クレープの 歴史は 16世紀に フランスで 作られました。

하이, 쿠레-푸노 레키시와 쥬우로쿠세이키니 후란스데 쯔쿠라레마시타.

네, 크레프의 역사는 16세기에 프랑스에서 만들어졌습니다.

16. クレープの 種類は 何が ありますか?

쿠레-푸노 슈루이와 나니가 아리마스카?

크레프의 종류는 무엇이 있습니까?

はい、クレープの 種類は 甘口クレープ、甘すぎない クレープ、肉を 包んだ クレープが あります。

하이, 쿠레-푸노 슈루이와 아마쿠치쿠레-푸, 아마스기나이 쿠레-푸, 니쿠오 쯔츤다 쿠레-푸가 아리마스.

네, 크레프의 종류는 단맛 크레프, 달지 않은 크레프, 고기를 싼 크레프가 있습니다.

17. クレープ(15人分 30個分)の 配合表
쿠레-푸(쥬우고 린분 산쥬우 코분)노 하이고우효우

크레프(15인분 30개분)의 배합표

順序 준죠 순서	材料 자이료우 재료	配合 比率(%) 하이고우 히리쯔 배합 비율(%)	配合量(g) 하이코우료우 배합량(g)
1	薄力粉 하쿠리키코 박력분	100 햐쿠	130 햐쿠산쥬우
2	シュガーパウダー 슈가-파우다- 슈가파우더	38 산쥬우하치	49.4 욘쥬우큐우텐고
3	塩 시오 소금	1 이치	2 니
4	卵 타마코 달걀	150 햐쿠고쥬우	200 니햐쿠
5	牛乳 규우뉴우 우유	230〜300 니햐쿠산쥬우〜산뱌쿠	300〜400 산뱌쿠〜욘햐쿠
6	バター 바타- 버터	15 쥬우고	20 니쥬우
7	バニラ 바니라 바닐라	0.5 레이텐고	1 이치
8	ブランデー 브란디- 브랜디	38 산쥬우하지	50 고쥬우
合計 코우게이 합계	-	573〜643% 고햐쿠나나쥬우산〜롯파큐우욘쥬우산	573〜643g 고햐쿠나나쥬우산〜롯파큐우욘쥬우산

18. クレープを 作る 順番は 何ですか?

레이푸오 쯔쿠루 쥰방와 난데스카?

크레프를 만드는 순서는 무엇입니까?

はい、クレープを 作る 順番は 小麦粉を ふるい➝ 卵混ぜ➝ 牛乳混ぜ➝
生地 休止➝ 成形➝ 焼きです。

하이, 쿠레-푸오 쯔쿠루 쥰방와 코무기코오 후루이➝ 타마고 마제➝ 규우뉴우 마제➝ 키지 큐우시➝ 세이케이➝ 야키데스.

네, 크레프를 만드는 순서는 밀가루 체질➝ 달걀 섞기➝ 우유 섞기➝ 반죽 휴지➝ 성형하기➝ 굽기입니다.

19. バニラクレープ(30個分)の 配合表

바니라쿠레-푸(산쥬우 코분)노 하이고우효우

바닐라 크레프(30개분)의 배합표

順序 쥰죠 순서	材料 자이료우 재료	配合比率(%) 하이고우 히리쯔 배합 비율(%)	配合量(g) 하이코우료우 배합량(g)
1	薄力粉 하쿠리키코 박력분	100 햐쿠	100 햐쿠
2	砂糖 사토우 설탕	20 니쥬우	20 니쥬우
3	卵黄 란오우 노른자	25 니쥬우고	25 니쥬우고
4	ゼラチン 제라친 젤라틴	4 욘	4 욘
5	生クリーム 나마쿠리-무 생크림	40 욘쥬우	40 욘쥬우
6	バター 바타- 버터	15 쥬우고	15 쥬우고

7	バニラ 바니라 바닐라	0.5 레이덴고	1/2 이치/니
8	グランマルニエ酒 구란마루니에슈 그랑마르니에 술	5 고	5 고
合計 코우게이 합계	-	169.5% 하쿠로쿠쥬우큐우텐고	169.5g 하쿠로쿠쥬우큐우텐고

20. バババロアは 何ですか?

바바로아와 난데스카?

바바루아는 무엇입니까?

はい、ババルアは 果実 ピューレに 生クリーム、ゼラチンを 入れて 作った 物です。

하이, 바바루아와 카지쯔 퓨-레니 나마쿠리-무, 제라친오 이레테 쯔쿳타 모노데스.

네, 바바루아는 과실 퓨레이 생크림, 젤라틴을 넣어 만든 것입니다.

21. バババロアの 歴史と 種類は 何が ありますか?

바바로아노 레키시토 슈루이와 나니가 아리마스카?

바바루아의 역사와 종류는 무엇이 있습니까?

はい、ババロアの 歴史は 18世紀 ごろで、種類は ミルク、クリーム、フルーツの ババルアが あります。

하이, 바바로아노 레키시와 쥬우하치 세이키 고로데, 슈루이와 미루쿠, 쿠리-무, 후루-쯔노 바바루아가 아리마스.

네, 바바루아의 역사는 18세기경이며, 종류는 우유, 크림, 과일의 바바루아가 있습니다.

22. バババロアの 材料は 何が ありますか?

바바로아노 자이료우와 나니가 아리마스카?

바바루아의 재료는 무엇이 있습니까?

はい、ババルアの 材料は 泡立ちの 生クリームと ゼラチンが 基本で、卵、シロップ、牛乳、砂糖、果物、チョコレート、コーヒー、洋酒が あります。

하이, 바바루아노 자이료우와 아와다치노 나마쿠리-무토 제라친가 키혼데, 타마고, 시롯푸, 규우뉴우, 사토우, 쿠다모노, 초코레-토, 코-히-, 요우슈가 아리마스.

네, 바바루아의 재료는 거품 올린 생크림과 젤라틴이 기본이며, 달걀, 시럽, 우유, 설탕, 과일, 초콜릿, 커피, 양주가 있습니다.

23. ババルア 材料の 役割は 何ですか?

바바루아 자이료우노 야쿠와리와 난데스카?

바바루아 재료의 역할은 무엇입니까?

はい、ババルア 材料の 役割は 生クリームは 香ばしい 味わい、ゼラチンと 牛乳は 生地を 固め、卵は 生地に 粘りと 栄養、シロップと 砂糖は 甘み、果物と 洋酒は 香味を 出します。

하이, 바바루아 자이료우노 야쿠와리와 나마쿠리-무와 코우바시이 아지와이, 제라친토 규우뉴우토 키지오 카타메, 타마고와 키지니 네바리토 에이요우, 시롯푸토 사토우와 아마미, 쿠다모노토 요우슈와 코우미오 다시마스.

네, 바바루아 재료의 역할은 생크림은 고소한 맛, 젤라틴과 우유는 반죽을 굳히며, 달걀은 반죽에 끈기와 영양, 시럽과 설탕은 단맛, 과일과 양주는 향미를 냅니다.

24. アイシングは 何ですか?

아이싱구와 난데스카?

아이싱은 무엇입니까?

はい、アイシングは シュガーパウダーに 水、卵白を 混ぜた 混合物で、お菓子の 表面に フォンダン、シュガーパウダーに 水を合わせた 物を被覆して 砂糖の 衣を 着せるのです。

하이, 아이싱구와 슈가-파우다-니 미즈, 란파쿠오 마제타 콘고우부쯔데, 오카시노 효우멘니 혼당, 슈가-파우다-니 미즈오 아와세타 모노오 히후쿠시테 사토우노 코로모오 키세루노데스.

네, 아이싱은 슈가파우더에 물, 흰자를 섞은 혼합물로 과자의 표면에 펀던트, 슈가파우더에 물을 합친 것을 피복하여 설탕 옷을 입히는 것입니다.

25. アイシングの 種類は 何が ありますか?

아이싱구노 슈루이와 나니가 아리마스카?

아이싱의 종류는 무엇이 있습니까?

はい、アイシングの 種類は ウォーターアイシング、ロイヤルアイシング、
フォンダンアイシングが あります。

하이, 아이싱구노 슈루이와 워-타-아이싱구, 로이야루아이싱구 혼당아이싱구가 아리마스.

네, 아이싱의 종류는 워터 아이싱, 로얄 아이싱, 펀던트 아이싱이 있습니다.

26. アイシング 配合表

아이싱구노 하이고우효우

아이싱의 배합표

順序 쥰죠 순서	アイシングの 種類 아이싱구노 슈루이 아이싱의 종류	配合 材料 하이고우 자이료우 배합 재료(%)	配合量(g) 하이코우료우 배합량(g)
1	ウォーターアイシング 워-타-아이싱구 워터 아이싱	砂糖 사토우 설탕 480 욘햐쿠하치쮸우	水 미즈 물 150 햐쿠고쥬우
2	ロイヤル アイシング 로이야루 아이싱구 로얄 아이싱	卵白 란바쿠 흰자 4~5個 분량 욘~고	シュガーパウダー 슈가파우더 900 큐우햐쿠
			氷酢酸 보우산산 빙초산 5방울
3	フォンダン アイシング 혼당 아이싱구 펀던트 아이싱	砂糖 사토우 설탕 100 햐쿠	水 미즈 물 20~30 니쥬우~산쥬우
		水 미즈 물 20~30 니쥬우~산쥬우	

27. アイシングを 作る 順番は 何ですか?

아이싱구오 쯔쿠루 쥰방와 난데스카?

아이싱을 만드는 순서는 무엇입니까?

はい、アイシングを 作る 順番は シュガーパウダーに 卵白を 混ぜて 作る
か、シロップを 結晶化して 作ります。

하이, 아이싱구오 쯔쿠루 쥰방와 슈가-파우다-니 란바쿠오 마제테 쯔쿠루카, 시롯푸오 켓쇼우카시테 쯔쿠리마스.

네, 아이싱을 만드는 순서는 슈가파우더에 흰자를 섞어 만들거나 시럽을 결정화하여 만듭니다.

28. アイシングを 作る 時の 注意点は 何ですか?

아이싱구오 쯔쿠루 토키노 쥬우이텐와 난데스카?

아이싱의 만들 때 주의할 점은 무엇입니까?

はい、アイシングの 作る ときの 注意点は 沸騰した 温度は 113から114℃
で、材料は 砂糖と 卵白です。

하이, 아이싱구노 쯔쿠루 토키노 쥬우이텐와 훗토우시타 온도와 하쿠쥬우산 카라 하쿠쥬우욘데, 자이료우와 사토우토 란바쿠데스.

네, 아이싱의 만들 때 주의할 점은 끓이는 온도는 113~114℃이며 재료는 설탕과 흰자입니다.

クリーム類は 何ですか?
るい　　　なん

쿠리-무루이와 난데스카?

크림류는 무엇입니까?

クリーム類は 何ですか?
쿠리-무루이와 난데스카?
크림류는 무엇입니까?

01. クリーム類は 何ですか?
쿠리-무루이와 난데스카?
크림은 무엇입니까?

はい、クリームは お菓子を 構成する 要素で、他の 生地と 一緒に 使います。
하이, 쿠리-무와 오카시오 코우세이스루 요우소데, 호카노 키지토 잇쇼니 쯔카이마스.
네, 크림은 과자를 구성하는 요소로 다른 반죽과 함께 사용합니다.

02. 基本 クリームは 何が ありますか?
키혼 쿠리-무와 나니가 아리마스카?
기본 크림은 무엇이 있습니까?

はい、基本クリームは 生クリーム、バタークリーム、カスタードクリーム、
ガナッシュクリーム、アーモンドクリームの 5つが あります。
하이, 키혼쿠리-무와 나마쿠리-무, 바타-쿠리-무, 카스타-도쿠리-무, 가낫슈쿠리-무, 아-몬도쿠리-무노 이쯔쯔가 아리마스.
네, 기본 크림은 생크림, 버터크림, 커스터드 크림, 가나슈 크림, 아몬드 크림 5가지가 있습니다.

基本 クリーム
키혼 쿠리-무

기본 크림

生クリーム 나마 쿠리-무	バタークリーム 바타- 쿠리-무	カスタード クリーム 카스타-도 쿠리-무	ガナッシュ クリーム 가낫슈 쿠리-무	アーモンド クリーム 아-몬도 쿠리 무
생크림	버터크림	커스터드크림	가나슈크림	아몬드크림

03. 泡立てる クリームは 何が ありますか？

아와다테루 쿠리-무와 나니가 아리마스카?

거품을 올리는 크림은 무엇이 있습니까?

はい、泡立てる クリームは アーモンド クリーム、フランジパン クリーム、ムスリン クリームが あります。

하이, 아와다테루 쿠리-무와 아-몬도쿠리-무, 후란지팡쿠리-무, 무스린쿠리-무가 아리마스.

네, 거품을 올리는 크림은 아몬드 크림, 프랑지팡 크림, 무슬린 크림이 있습니다.

04. 卵、砂糖、牛乳を 使って 作る クリームは 何が ありますか？

타마고, 사토우, 규우뉴우오 쯔캇테 쯔쿠루 쿠리-무와 나니가 아리마스카?

달걀, 설탕, 우유를 사용하여 만드는 크림은 무엇이 있습니까?

はい、卵に 砂糖と 牛乳を 使って 作る クリームは アングレズ クリーム、パティシエール クリーム、バター クリーム、サバイヨン クリームが あります。

하이, 타마고니 사토우토 규우뉴우오 쯔캇테 쯔쿠루 쿠리-무니와 앙구레즈쿠리-무, 파티시에-루 쿠리-무, 바타-쿠리-무, 사바이욘 쿠리-무가 아리마스.

네, 달걀에 설탕과 우유를 사용하여 만드는 크림은 앙글레즈 크림, 파티시에르 크림, 버터크림, 사바용 크림이 있습니다.

05. 軽い クリームは 何が ありますか？

카루이 쿠리-무와 나니가 아리마스카?

가벼운 크림은 무엇이 있습니까？

はい、軽い クリームは 生クリーム、フォンダンクリーム、サントノレ クリームが あります。

하이, 카루이 쿠리-무니와 나마쿠리-무, 혼당 쿠리-무, 상토노레 쿠리-무가 아리마스.

네, 가벼운 크림은 생크림, 펀던트 크림, 생토노레 크림이 있습니다.

06. クリームの 種類は 何が ありますか?

쿠리-무노 슈루이와 나니가 아리마스카?

크림의 종류는 무엇이 있습니까?

はい、クリームの 種類は 生クリーム、バタークリーム、アーモンドクリーム、マロンクリーム、カスタードクリーム、ガナッシュクリーム、ムースクリーム、ムスリーンクリーム、ディプロマクリーム、フランジパンクリーム、バニラクリーム、サバイヨンクリーム、アングレズクリームの 13 種類が あります。

하이, 쿠리-무노 슈루이와 나마쿠리-무, 바타- 쿠리-무, 아-몬도 쿠리-무, 마론 쿠리-무, 카스타-도 쿠리-무, 가낫슈 쿠리-무, 무-스 쿠리-무, 무스-린 쿠리-무, 디푸로마 쿠리-무, 후란지팡 쿠리-무, 바니라 쿠리-무, 사바이욘 쿠리-무, 앙구레즈 쿠리-무노 쥬우산 슈루이가 아리마스.

네, 크림의 종류는 생크림, 버터크림, 아몬드 크림, 마롱 크림, 커스터드 크림, 가나슈 크림, 무스 크림, 무슬린 크림, 디플로마 크림, 프랑지팡, 바닐라 크림, 사바용 크림, 앙글레즈 크림의 13가지가 있습니다.

クリームの 種類

쿠리-무노 슈루이

크림의 종류

生クリーム 나마쿠리-무 생크림	バタークリーム 바타- 쿠리-무 버터크림	カスタードクリーム 카스타-도 쿠리-무 커스터드크림	アーモンドクリーム 아-몬도 쿠리-무 아몬드크림	ガナッシュクリーム 가낫슈 쿠리-무 가나슈크림
ムースクリーム 무-스 쿠리-무 무스 크림	ムスリーンクリーム 무스-린 쿠리-무 무슬린 크림	マロンクリーム 마론 쿠리-무 밤크림	ディプロマクリーム 디푸로마 쿠리-무 디플로마 크림	ランジファンクリーム 후란지팡 쿠리-무 후랑지팡크림
バニラクリーム 바니라 쿠리-무 바닐라 크림	サバイヨンクリーム 사바이욘 쿠리-무 사바용 크림	アングレズクリーム 앙구레즈 쿠리-무 앙글레즈 크림	-	-

07. 生クリームは 何ですか?

나마쿠리-무와 난데스카?

생크림은 무엇입니까?

はい、生クリームは 牛乳を 遠心分離機で 分離し、乳脂肪分 30% 以上の クリームです。

하이, 나마쿠리-무와 규뉴우오 엔신분리키데 분리시, 뉴우시보우분 산쥬우 파-센토 이죠우노 쿠리-무데스.

네, 생크림은 우유를 원심분리기로 분리하여 유지방 30% 이상인 크림입니다.

08. 生クリームの 配合表

나마쿠리-무노 하이고우효우

생크림의 배합표

順序 쥰죠 순서	材料 자이료우 재료	配合 比率(%) 하이고우 히리쯔 배합 비율(%)	配合量(g) 하이코우료우 배합량(g)
1	生クリーム 나마쿠리-무 생크림	100 햐쿠	100 햐쿠
2	砂糖 사토우 설탕	3 산	3 산
3	バニラ 바니라 바닐라	0.5 레이덴고	0.5 레이덴고
4	洋酒 요우슈 양주	5 고	5 고
合計 코우게이 합계	-	108.5% 햐쿠하치텐고	108.5g 햐쿠하치텐고

09. 生クリームを 作る 順番は 何ですか?

나마쿠리-무오 쯔쿠루 쥰방와 난데스카?

생크림 만들기 순서는 무엇입니까?

はい、生クリーム 作りの 順番は ボールに 生クリームと 砂糖を 入れて 泡を 立てます。

하이, 나마쿠리-무노 쯔쿠리노 쥰방와 보-루니 나마쿠리-무토 사토우오 이레테 아와오 타테마스.

네, 생크림 만들기 순서는 볼에 생크림과 설탕을 넣고 거품을 올립니다.

10. チョコレート 生クリームは 何ですか?

초코레-토 나마쿠리-무와 난데스카?

초콜릿 생크림은 무엇입니까?

はい、チョコレート 生クリームは チョコレートを 入れて 生クリームを 泡立てた 物です。

하이, 초코레-토세이쿠리-무와 초코레-토오 이레테 나마쿠리-무오 아와다테타 모노데스.

네, 초콜릿 생크림은 초콜릿을 넣어 생크림을 거품을 올려 만든 것입니다.

11. チョコレート 生クリーム 配合表

초코레-토세이 쿠리-무 하이고우효우

초콜릿 생크림 배합표

順序 쥰죠 순서	材料 자이료우 재료	配合 比率(%) 하이고우 히리쯔 배합 비율(%)	配合量(g) 하이코우료우 배합량(g)
1	生クリーム 나마쿠리-무 생크림	100 햐쿠	100 햐쿠
2	砂糖 사토우 설탕	5 고	5 고
3	バニラ 바니라 바닐라	0.5 레이텐고	0.5 레이텐고

4	洋酒 요우슈 양주	5 고	5 고
5	チョコレート 초코레-토 초콜릿	20 니쥬우	20 니쥬우
合計 코우게이 합계	-	130.5% 하쿠산쥬우고	130.5g 하쿠산쥬우

12. チョコレート 生クリームを 作る 順序は 何ですか?

초코레-토 나마쿠리-무오 쯔쿠루 쥰죠와 난데스카?

초콜릿 생크림을 만드는 순서는 무엇입니까?

はい、チョコレート 生クリームを 作る 順番は 生クリームの 泡立ち→
チョコレート 混ぜです。

하이, 초코레-토 나마쿠리-무오 쯔쿠루 쥰방와 나마쿠리-무노 아와다치→ 초코레-토 마제데스.

네, 초콜릿 생크림을 만드는 순서는 생크림 거품 올리기→ 초콜릿 섞기입니다.

13. バタークリームは 何ですか?

바타-쿠리-무와 난데스카?

버터크림은 무엇입니까?

はい、バタークリームは バターに 砂糖と 卵を 入れて、泡立て作った
クリームです。

하이, 바타-쿠리-무와 바타-니 사토우토 타마고오 이레테, 아와다테테 쯔쿳타 쿠리-무데스.

네, 버터크림은 버터에 설탕과 달걀을 넣고 거품 올려 만든 크림입니다.

14. バター クリームの 種類は 何が ありますか?

바타- 쿠리-무노 슈루이와 나니가 아리마스카?

버터크림의 종류는 무엇이 있습니까?

はい、バタークリームの 種類は 全卵バタークリーム、卵黄バタークリーム、卵白バタークリーム、その他 バタークリームが あります。

하이, 바타-쿠리-무노 슈루이와 젠란바타-쿠리-무, 란오우 바타-쿠리-무, 란바쿠 바타-쿠리-무, 소노 타 바타-쿠리-무가 아리마스.

네, 버터크림의 종류는 전란 버터크림, 노른자 버터크림, 흰자 버터크림, 기타 버터크림 이 있습니다.

バター クリームの 種類

바타-쿠리-무노 슈루이

버터크림의 종류

全卵バタークリーム	卵黄バタークリーム	卵白バタークリーム	その他 バタークリーム
젠란바타-쿠리-무	란오우 바타-쿠리-무	란바쿠 바타-쿠리-무	소노타 바타-쿠리-무
전란 버터크림	노른자 버터크림	흰자 버터크림	기타 버터크림

15. 全卵 バタークリーム 配合表

젠란 바타-쿠리-무 하이고우효우

전란 버터크림 배합표

順序 쥰죠 순서	材料 자이료우 재료	配合 比率(%) 하이고우 히리쯔 배합 비율(%)	配合量(g) 하이코우료우 배합량(g)
1	バター 바타- 버터	50 고쥬우	50 고쥬우
2	ショートニング 쇼-토닝구 쇼트닝	50 고쥬우	50 고쥬우
3	砂糖 사토우 설탕	50 고쥬우	50 고쥬우
4	全卵 전란 달걀	50 고쥬우	50 고쥬우

5	バニラ 바니라 바닐라	0.5 레이텐고	5 고
6	洋酒 요우슈 양주	10 쥬우	10 쥬우
合計 코우게이 합계	-	210.5% 니햐쿠쥬우텐고	210.5g 니햐쿠쥬우텐고

16. 全卵 バタークリームを 作る 順序は 何ですか?

젠란 바타-쿠리-무오 쯔쿠루 쥰죠와 난데스카?

전란 버터크림을 만드는 순서는 무엇입니까?

はい、全卵 バタークリームの 作り方は 卵の 湯煎→ シロップ 作り→ 卵の 泡立ち→ シロップ 混ぜ→ バター 混ぜです。

하이, 젠란 바타-쿠리-무노 쯔쿠리카타와 타마고노 유센→ 시롯푸쯔쿠리→ 타마고노 아와다치 시롯푸 마제→ 바타-마제데스.

네, 전란 버터크림 만드는 순서는 달걀 중탕하기→ 시럽 만들기→ 달걀 거품 올리기→ 시럽 섞기→ 버터 섞기입니다.

17. 卵黄 バタークリーム 配合表

란오우 바타-쿠리-무 하이고우효우

노른자 버터크림 배합표

順序 쥰죠 순서	材料 자이료우 재료	配合 比率(%) 하이고우 히리쯔 배합 비율(%)	配合量(g) 하이코우료우 배합량(g)
1	卵黄 란오우 노른자	30 산쥬우	30 산쥬우
2	砂糖A 사토우 설탕A	10 쥬우	10 쥬우

3	砂糖B 사토우 설탕B	40 욘쥬우	40 욘쥬우
4	水 미즈 물	13 쥬우산	13 쥬우산
5	バター 바타- 버터	50 고쥬우	50 고쥬우
6	ショートニング 쇼-토닝구 쇼트닝	50 고쥬우	50 고쥬우
合計 코우게이 합계	-	193% 햐쿠큐우쥬우산	193g 햐쿠큐우쥬우산

18. 卵黄 バタークリームを 作る 順序は 何ですか?

란오우 바타-쿠리-무오 쯔쿠루 쥰죠와 난데스카?

노른자 버터크림을 만드는 순서는 무엇입니까?

はい、卵黄 バタークリームを 作る 順番は シロップ 作り→ 卵黄 泡立ら → 卵白 泡立ち→ 卵白シロップ 混ぜ→ バター+卵黄+卵白 混ぜです。

하이, 란오우 바타-쿠리-무오 쯔쿠루 쥰방와 시롯푸 쯔쿠리→ 란오우 아와다치→ 란파쿠 아와다치→ 란파쿠시롯푸 마제→ 바타-푸라스 란오우 푸라스 란파쿠 마제데스.

네, 노른자 버터크림을 만드는 순서는 시럽 끓이기→ 노른자 거품 올리기→ 흰자 거품 올리기→ 흰자 시럽 섞기→ 버터+노른자+흰자 섞기입니다.

19. 卵白 バタークリーム 配合表
란파쿠 바타-쿠리-무 하이고우효우

흰자 버터크림 배합표

順序 쥰죠 순서	材料 자이료우 재료	配合 比率(%) 하이고우 히리쯔 배합 비율(%)	配合量(g) 하이코우료우 배합량(g)
1	卵白 란바쿠 흰자	37 산쥬우나나	37 산쥬우나나
2	砂糖 사토우 설탕A	13 쥬우산	13 쥬우산
3	砂糖 사토우 설탕B	85 하치쥬우고	85 하치쥬우고
4	水 미즈 물	26 니쥬우로쿠	26 니쥬우로쿠
5	バター 바타- 버터	100 햐쿠	100 햐쿠
合計 코우게이 합계	-	261% 니하쿠로쿠쥬우이치	261g 니하쿠로쿠쥬우이치

20. 卵白 バタークリームを 作る 順序は 何ですか?
란파쿠 바타-쿠리-무오 쯔쿠루 쥰죠와 난데스카?

흰자 버터크림을 만드는 순서는 무엇입니까?

はい、卵白 バタークリームを 作る 順序は 卵白の 泡立ち➞ シロップ作り
➞ イタリアンメレンゲ 作り➞ バター混ぜです。

하이, 란바쿠 바타-쿠리-무오 쯔쿠루 쥰죠와 란바쿠노 아와다치➞ 시롯푸쯔쿠리➞ 이타리안메렌게 쯔쿠리
➞ 바타- 마제데스

네, 흰자 버터크림을 만드는 순서는 흰자 거품 올리기→ 시럽 끓이기→ 이탈리안 머랭 만들기→ 버터 섞기입니다.

21. イタリアン バタークリーム 配合表
이타리안 바타-쿠리-무 하이고우효우

이탈리안 버터크림 배합표

順序 준죠 순서	材料 자이료우 재료	配合 比率(%) 하이고우 히리쯔 배합 비율(%)	配合量(g) 하이코우료우 배합량(g)
1	卵白 란바쿠 흰자	30 산쥬우	30 산쥬우
2	砂糖 사토우 설탕A	8 하치	8 하치
3	砂糖 사토우 설탕B	33 산쥬우산	33 산쥬우산
4	水 미즈 물	11 쥬우이치	11 쥬우이치
5	バター 바타- 버터	60 로큐쥬우	60 로큐쥬우
6	バター 바타- 버터 (ショートニング 쇼-토닝구 쇼트닝)	40 욘쥬우	40 욘쥬우
合計 코우게이 합계	-	182% 햐쿠하치쥬우니	182g 햐쿠하치쥬우니

22. イタリアン バタークリームを 作る 順序は 何ですか?

이타리안 바타-쿠리-무오 쯔쿠루 쥰죠와 난데스카?

이탈리안 버터크림을 만드는 순서는 무엇입니까?

はい、イタリアン バタークリームを 作る 順番は 卵を 分離→ 卵黄の 泡立ち→ 卵白の 泡立ち→ バターの 泡立ち→ 卵黄+イタリアンメレンゲ 混ぜ→ イタリアンメレンゲ 混ぜ→ バター 混ぜです。

하이, 이타리안 바타-쿠리-무오 쯔쿠루 쥰방와 타마고오 분리→ 란오우노 아와다치→ 란파쿠노 아와다치 → 바타-노 아와다치→ 란오우 푸라스 이타리안 메렌게 마제→ 이타리안 메렌게 마제 → 바타- 마제데스.

네, 이탈리안 버터크림을 만드는 순서는 달걀 분리하기→ 노른자 거품 올리기→ 흰자 거품 올리기→ 버터 거품 올리기→ 노른자+이탈리안 머랭 섞기→ 이탈리안 머랭 섞기→ 버터 섞기입니다.

23. イタリアン バタークリームの 長点は 何ですか?

이타리안 바타-쿠리-무노 죠우텐와 난데스카?

이탈리안 버터크림의 장점은 무엇입니까?

はい、イタリアン バタークリームの 長点は 体積が 大きくて 保存性も いいんです。

하이, 이타리안 바타-쿠리-무노 죠우텐와 타이세키가 오오키쿠, 호존세이모 이인데스.

네, 이탈리안 버터크림의 장점은 체적이 크고 보존성이 좋습니다.

24. カスタード クリームは 何ですか?

카스타-도 쿠리-무와 난데스카?

커스터드 크림은 무엇입니까?

はい、カスタード クリームは 牛乳、砂糖、卵黄、小麦粉、澱粉を 煮詰めて 作る マイルドな クリームです。

하이, 카스타-도쿠리-무와 규우뉴우, 사토우, 란오우, 코무기코, 덴푼오 니쯔메테 쯔쿠루 마이루도나 쿠리-무데스.

네, 커스터드 크림은 우유, 설탕, 노른자, 밀가루, 전분을 끓여 만드는 부드러운 크림입니다.

25. カスタード クリーム 配合表
카스타-도 쿠리-무 하이고우효우

커스타드 크림 배합표

順序 쥰죠 순서	材料 자이료우 재료	配合 比率(%) 하이고우 히리쯔 배합 비율(%)	配合量(g) 하이코우료우 배합량(g)
1	牛乳 규우뉴우 우유	100 햐쿠	100 햐쿠
2	砂糖 사토우 설탕	20 니쥬우	20 니쥬우
3	卵黄 란오우 노른자	20 니쥬우	20 니쥬우
4	薄力粉 하쿠리키코 박력분	4 욘	4 욘
5	澱粉 덴분 전분	4 욘	4 욘
6	バニラ 바니라 바닐라	0.5 레이텐고	0.5 레이텐고
7	オレンジキュラソー 오렌지 큐라소- 오렌지 껍질 술	0.5 레이텐고	0.5 레이텐고
合計 코우게이 합계	-	149% 햐쿠욘쥬우큐우	149g 햐쿠욘쥬우큐우

26. カスタード クリームを 作る 順番は 何ですか?
카스타-도 쿠리-무오 쯔쿠루 쥰방와 난데스카?

커스터드 크림을 만드는 순서는 무엇입니까?

はい、カスタードクリームを 作る 順番は 牛乳、卵、澱粉を 混ぜて 煮る→
バニラ、洋酒入り→ クリーム 冷やしです。

하이, 카스타-도 쿠리-무오 쯔쿠루 쥰방와 규우뉴우, 타마고, 덴분오 마제테 니루→ 바니라, 요우슈이리 →
쿠리-무 히야시데스.

네, 커스타드 크림을 만드는 순서는 우유, 달걀, 전분을 섞고 끓이기→ 바닐라, 양주
첨가→ 크림 식히기입니다.

27. アーモンド クリームは 何ですか?

아-몬도 쿠리-무와 난데스카?

아몬드 크림은 무엇입니까?

はい、アーモンドクリームは アーモンド粉末、砂糖、油脂、卵の 4つの 材料
を 同じ 配合で バニラの 香り、洋酒を 加えた クリームです。

하이, 아-몬도쿠리-무와 아-몬도훈마쯔, 사토우, 유시, 타마고노 욧쯔노 자이료우오 오나지 하이고우데 바
니라노 카오리, 요우슈오 쿠와에타 쿠리-무데스

네, 아몬드 크림은 아몬드 분말, 설탕, 유지, 달걀의 4가지 재료를 같은 배합으로 바닐라
향, 양주를 첨가한 크림입니다.

アーモンド クリームの 材料

아-몬도 쿠리-무노 자이료우

아몬드 크림의 재료

アーモンド粉末	砂糖	油脂(バター)	卵
아-몬도 훈마쯔	사토우	유시(바타-)	타마고
아몬드 분말	설탕	유지(버터)	달걀

28. アーモンド クリーム 配合表
아-몬도쿠리-무 하이고우효우

아몬드 크림 배합표

順序 쥰죠 순서	材料 자이료우 재료	配合 比率(%) 하이고우 히리쯔 배합 비율(%)	配合量(g) 하이코우료우 배합량(g)
1	バター 바타- 버터	100 햐쿠	100 햐쿠
2	砂糖 사토우 설탕	100 햐쿠	100 햐쿠
3	卵 타마코 달걀	100 햐쿠	100 햐쿠
4	アーモンド粉末 아-몬도 훈마쯔 아몬드 분말	100 햐쿠	100 햐쿠
5	バニラ 바니라 바닐라	0.5 레이텐고	0.5 레이텐고
6	ラム酒 라무슈 럼주	10 쥬우	10 쥬우
合計 코우게이 합계	-	410.5% 욘햐쿠쥬우텐고	410.5g 욘햐쿠쥬우텐고

29. アーモンド クリームを 作る 順番は 何ですか?
아-몬도 쿠리-무오 쯔쿠루 쥰방와 난데스카?

아몬드 크림을 만드는 순서는 무엇입니까?

はい、アーモンド クリームを 作る 順番は バターに 砂糖を 入れ、泡立て
→ 卵混ぜ→ アーモンド粉末 混ぜ→ ラム酒 混ぜです。

하이, 아-몬도쿠리-무오 쯔쿠루 쥰방와 바타-니 사토우오 이레, 아와타테→ 타마고 마제→ 아-몬도훈마쯔
마제→ 라무슈 마제데스.

네, 아몬드 크림을 만드는 순서는 버터에 설탕을 넣고 거품 올리기→ 달걀 섞기→ 아몬드 분말 섞기→ 럼주 혼합하기입니다.

30. ガナッシュ クリーム(Ganache)は 何ですか?

가낫슈 쿠리-무와 난데스카?

가나슈 크림(Ganache)은 무엇입니까?

はい、ガナッシュ クリームは 生クリームを 煮詰めて チョコレートを 合
わせた クリームです。

하이, 가낫슈 쿠리-무와 나마쿠리-무오 니쯔메테 초코레-토오 아와세타 쿠리-무데스.

네, 가나슈 크림은 생크림을 끓여 초콜릿을 합친 크림입니다.

31. ガナッシュ クリーム 配合表

가낫슈 쿠리-무 하이고우효우

가나슈 크림 배합표

順序 쥰죠 순서	材料 자이료우 재료	重いガナッシュ 오모이가나슈 무거운 가나슈(%)	中間ガナッシュ 쥬우칸가나슈 중간 가나슈(%)	軽いガナッシュ 가루이가나슈 가벼운 가나슈(%)
1	チョコレート 초코레-토 초콜릿	100 햐쿠	100 햐쿠	100 햐쿠
2	生クリーム 나마쿠리-무 생크림	50 고쥬우	75 나나쥬우고	100 햐쿠
3	洋酒 요우슈 양주	5 고	5 고	5 고
合計 코우게이 합계	-	155% 햐쿠고쥬우고	180% 햐쿠하치쥬우	205% 니햐쿠고

32. ガナッシュ クリームの 作り方は 何ですか?

가낫슈 쿠리-무노 쯔쿠리카타와 난데스카?

가나슈 크림의 만드는 순서는 무엇입니까?

はい、ガナッシュ クリームを 作る 順番は チョコレートを 切る→ 生ク
リームを 作る→ 生クリームに チョコレートを 混ぜる→ 洋酒を 混ぜる
です。

하이, 가낫슈 쿠리-무오 쯔쿠루 쥰방와 초코레-토오 키루→ 나마쿠리-무오 쯔쿠루→ 나마쿠리-무니 초코
레-토오 마제루→ 요우슈오 마제루데스.

네, 가나슈 크림을 만드는 순서는 초콜릿 자르기→ 생크림 끓이기→ 생크림에 초콜릿
섞기→ 양주 섞기입니다.

第17課
第17課
だい か

その他の クリームは 何が ありますか?
なに

소노 타노 쿠리-무와 나니가 아리마스카?

기타 크림은 무엇이 있습니까?

その他の クリームは 何が ありますか?
소노 타노 쿠리-무와 나니가 아리마스카?
기타 크림은 무엇이 있습니까?

01. マロン クリームは 何ですか?
마론 쿠리-무와 난데스카?
마롱 크림(밤)은 무엇입니까?

はい、マロン クリームは 栗 100パーセント、バター50パーセント、生クリーム 50 パーセントを ブレンドした 物です。
하이, 마론 쿠리-무와 쿠리 햐쿠 파-센토, 바타- 고쥬우 피 센토, 나마쿠리-무 고쥬우 파-센투우 부레도
시타 모노데스.
네, 마롱 크림은 밤 100%, 버터 50%, 생크림 50%를 혼합하여 만든 것입니다.

02. マロン クリーム 配合表
마론 쿠리-무 하이고우효우
마롱 크림 배합표

順序 쥰죠 순서	材料 자이료우 재료	配合 比率(%) 하이고우 히리쯔 배합 비율(%)	配合量(g) 하이코우료우 배합량(g)
1	栗ピューレ 쿠리 퓨-레 밤퓨레	100 햐쿠	100 햐쿠

2	バター 바타- 버터	これい 50 고쥬우	これい 50 고쥬우
3	生クリーム 나마쿠리-무 생크림	これい 50 고쥬우	これい 50 고쥬우
4	ラム酒 라무슈 럼주	に 2 니	に 2 니
合計 코우게이 합계	-	にひゃくに 202% 니햐쿠니	にひゃくに 202g 니햐쿠니

03. マロン クリームを 作る 順番は 何ですか?

마론쿠리-무오 쯔쿠루 쥼방와 난데스카?

마롱 크림을 만드는 순서는 무엇입니까?

はい、マロンクリームを 作る 順番は 栗ピューレに バターと 生クリーム、洋酒を 混ぜて 作ります。

하이, 마론 쿠리-무오 쯔쿠루 쥼방와 쿠리퓨-레니 바타-토 나미쿠리-무, 요우슈오 마세테 쯔쿠리마스.

네, 마롱 크림을 만드는 순서는 밤퓨레에 버터와 생크림, 양주를 섞어 만듭니다.

04. バニラ クリームは 何ですか?

바니라 쿠리-무와 난데스카?

바닐라 크림은 무엇입니까?

はい、バニラ クリームは 牛乳に 砂糖、卵を 入れて 煮込み、バニラを 入れて 作った 物です。

하이, 바니라 쿠리-무와 규우뉴우니 사토우, 타마고오 이레테 니코미 바니라오 이레테 쯔쿳타 모노데스.

네, 바닐라 크림은 우유에 설탕, 달걀을 넣고 끓인 후 바닐라를 넣어 만든 것입니다.

05. バニラ クリーム 配合表
바니라 쿠리-무 하이고우효우

바닐라 크림 배합표

順序 쥰죠 순서	材料 자이료우 재료	配合 比率(%) 하이고우 히리쯔 배합 비율(%)	配合量(g) 하이코우료우 배합량(g)
1	牛乳 규우뉴우 우유	100 햐쿠	100 햐쿠
2	砂糖 사토우 설탕	24 니주유욘	24 니주유욘
3	卵黄 란오우 노른자	24 니주유욘	24 니주유욘
4	カスタード パウダー 카스타-도 파우다- 커스타드 파우더(크림)	8~10 하치~쥬우	8~10 하치~쥬우
5	シュガー パウダー 슈가-파우다- 슈가파우더	2 니	2 니
合計 쿠우게이 합계	-	158~160% 햐쿠고쥬우하치~햐쿠로쿠쥬우	158~160g 햐쿠고쥬우하치~햐쿠로쿠쥬우

06. バニラ クリームを 作る 順序は 何ですか?
바니라 쿠리-무오 쯔쿠루 쥰죠와 난데스카?

바닐라 크림을 만드는 순서는 무엇입니까?

はい、バニラ クリームを 作る 順番は 牛乳 沸騰→ ゼラチン 混合→ 牛乳 冷やし→ 生クリーム 混ぜです。

하이, 바니라 쿠리-무오 쯔쿠루 쥰방와 규우뉴우 훗토우→ 제라친 콘고우 →규우뉴우 히야시→ 나마쿠리-무 마제데스.

네, 바닐라 크림을 만드는 순서는 우유 끓이기→ 젤라틴 혼합→ 우유 식히기→ 생크림 섞기입니다.

07. ムスリン クリームは 何ですか?

무스린 쿠리-무와 난데스카?

무슬린 크림은 무엇입니까?

はい、ムスリン クリームは カスタードクリーム 100%、バター 60%を ブレンドした 物です。

하이, 무스린 쿠리-무와 카스타-도쿠리-무 햐쿠 파-센토, 바타- 로쿠쥬우 파-센토오 부렌도시타 모노데스.

네, 무슬린 크림은 커스타드 크림 100%, 버터 60%를 혼합해 만든 것입니다.

08. ムスリン クリーム 配合表

무스린 쿠리-무 하이고우효우

무슬린 크림 배합표

順序 쥰죠 순서	材料 자이료우 재료	配合 比率(%) 하이고우 히리쯔 배합 비율(%)	配合量(g) 하이코우료우 배합량(g)
1	カスタードクリーム 카스타-도 크리-무 커스타드 크림	100 햐쿠	100 햐쿠
2	バター 바타- 버터	60 로큐쥬우	60 로큐쥬우
合計 코우게이 합계	-	160% 햐쿠로쿠쥬우	160g 햐쿠로쿠쥬우

09. ムスリン クリームを 作る 順番は 何ですか?

무스린 쿠리-무오 쯔쿠루 쥰방와 난데스카?

무슬린 크림을 만드는 순서는 무엇입니까?

はい、ムスリン クリームを 作る 順番は バター泡立→ カスタードクリーム 作り→ 2つの クリーム 混ぜです。

하이, 무스린 쿠리-무오 쯔쿠루 쥰방와 바타-아와다테→ 카스타-도쿠리-무쯔쿠리 후타쯔노→ 쿠리-무 마제데스.

네, 무슬린 크림을 만드는 순서는 버터 거품 올리기→ 커스타드 크림 만들기→ 2가지 크림 섞기입니다.

10. ディプロマ クリームは 何ですか?

디푸로마 쿠리-무와 난데스카?

디플로마 크림은 무엇입니까?

はい、ディプロマ クリームは カスタードクリーム 100 パーセントに 生クリーム 60パーセントを ブレンドして 作った 物です。

하이, 디푸로마쿠리-무와 카스타-도쿠리-무 햐쿠 파-센토니 나마쿠리-무 로쿠쥬우 파-센토오 부렌도시테 쯔쿳타 모노데스.

네, 디플로마 크림은 커스타드 크림 100%에 생크림 60%를 혼합하여 만든 것입니다.

11. ディプロマ クリーム 配合表

디푸로마 쿠리-무 하이고우효우

디플로마 크림 배합표

順序 쥰죠 순서	材料 자이료우 재료	配合 比率(%) 하이고우 히리쯔 배합 비율(%)	配合量(g) 하이코우료우 배합량(g)
1	カスタードクリーム 카스타-도 쿠리-무 커스타드 크림	100 햐쿠	100 햐쿠
2	生クリーム 나마쿠리-무 생크림	160 햐쿠로쿠쥬우	60 로쿠쥬우
合計 코우게이 합계	-	160% 햐쿠로쿠쥬우	60g 로쿠쥬우

12. ディプロマ クリームを 作る 順番は 何ですか?

디푸로마 쿠리-무오 쯔쿠루 쥰방와 난데스카?

디플로마 크림을 만드는 순서는 무엇입니까?

はい、ディプロマ クリームを 作る 順番は カスタードクリーム 作り→ 生クリーム 作り→ 2つの クリーム 混ぜです。

하이, 디푸로마쿠리-무오 쯔쿠루 쥰방와 카스타-도쿠리-무쯔쿠리→ 나마쿠리-무쯔쿠리→ 후타쯔노 쿠리-무 마제데스.

네, 디플로마 크림을 만드는 순서는 커스타드 크림 만들기→ 생크림 만들기→ 2가지 크림 섞기입니다.

13. フランジファン クリームは 何ですか?

후란지팡 쿠리-무와 난데스카?

프랑지팡 크림은 무엇입니까?

はい、ランジファン クリームは アーモンドクリーム 100 パーセント、 カスタードクリーム 50 パーセントを 混ぜた 物です。

하이, 후란지팡 쿠리-무와 아-몬도쿠리-무 햐쿠 파-센토 카스타-도쿠리-무 고쥬우 파-센토오 마제타 모노데스.

네, 프랑지팡 크림은 아몬드 크림 100%, 커스타드 크림 50%를 섞어 만든 것입니다.

14. ランジファン クリーム 配合表

후란지팡 쿠리-무 하이고우효우

프랑지팡 크림 배합표

順序 쥰죠 순서	材料 자이료우 재료	配合 比率(%) 하이고우 히리쯔 배합 비율(%)	配合量(g) 하이코우료우 배합량(g)
1	アーモンド クリーム 아-몬도 쿠리-무 아몬드 크림	100 햐쿠	100 햐쿠
2	カスタードクリーム 카스타-도 쿠리-무 커스타드 크림	50 고쥬우	50 고쥬우

3	ラム酒 라무슈 럼주	16 쥬우로쿠	16 쥬우로쿠
合計 코우게이 합계	-	166% 하쿠로쿠쥬우로쿠	166% 하쿠로쿠쥬우로쿠

15. ランジファン クリームを 作る 順番は 何ですか?

후란지팡 쿠리-무오 쯔쿠루 쥰방와 난데스카?

프랑지팡 크림을 만드는 순서는 무엇입니까?

はい、ランジファン クリームを 作る 順番は カスタードクリーム作り→ アーモンドクリーム 作り→ 2つの クリーム混ぜです。

하이, 후란지팡 쿠리-무오 쯔쿠루 쥰방와 카스타-도쿠리무쯔쿠리→ 아-몬도쿠리-무쯔쿠리노→ 후타쯔노 쿠리-무 마제데스.

네, 프랑지팡 크림을 만드는 순서는 커스타드 크림 만들기→ 아몬드 크림 만들기→ 2 가지 크림 섞기입니다.

16. サバイヨン クリームは 何ですか?

사바이용 쿠리-무와 난데스카?

사바용 크림은 무엇입니까?

はい、サバイヨン クリームは 卵黄に 白ワインを 入れて 煮込んだ 物です。

하이, 사바이용 쿠리-무와 란오우니 시로와인오 이레테 니콘다 모노데스.

네, 사바용 크림은 노른자에 백포도주를 넣고 끓인 것입니다.

17. サバイヨン クリーム 配合表

사바이용 쿠리-무하이고우효우

사바용 크림 배합표

順序 쥰죠 순서	材料 자이료우 재료	配合 比率(%) 하이고우 히리쯔 배합 비율(%)	配合量(g) 하이코우료우 배합량(g)
1	白ワイン 시로와인 백포도주	100 햐쿠	100 햐쿠
2	卵黄 란오우 노른자	20 니쥬우	20 니쥬우
3	砂糖 사토우 설탕	20 니쥬우	20 니쥬우
合計 코우게이 합계	-	140% 햐쿠욘쥬우	140g 햐쿠욘쥬우

18. サバイヨン クリームを 作る 順番は 何ですか?

사바이용 쿠리-무오 쯔쿠루 쥰방와 난데스카?

사바용 크림을 만드는 순서는 무엇입니까?

はい、サバイヨンの クリームを 作る 順番は 卵黄の 泡立ち→ 白ワインを 混ぜる→ 湯煎です。

하이, 사바이용 쿠리-무오 쯔쿠루 쥰방와 란오우노 아와다치→ 시로와인오 마제루→ 유센데스.

네, 사바용 크림을 만드는 순서는 노른자 거품 올리기→ 백포도 혼합하기→ 중탕하기 입니다.

19. アングレズ クリームは 何ですか?

앙구레즈 쿠리-무와 난데스카?

앙그레즈 크림은 무엇입니까?

はい、アングレズ クリームは デザート、ソースにする ソフトな カ
スタード クリームです。

하이, 앙구레즈 쿠리-무와 데자-토, 소우스니 스루 소후토나 카스타-도쿠리-무데스.

네, 앙글레즈 크림은 디저트, 소스로 하는 부드러운 커스터드 크림입니다.

20. アングレズ・クリーム 配合表

앙구레즈 쿠리-무 하이고우효우

앙글레즈 크림 배합표

順序 쥰죠 순서	材料 자이료우 재료	配合 比率(%) 하이고우 히리쯔 배합 비율(%)	配合量(g) 하이코우료우 배합량(g)
1	牛乳 규우뉴우 우유	100 햐쿠	100 햐쿠
2	卵黄 란오우 노른자	65 로큐쥬우고	65 로큐쥬우고
3	砂糖 사토우 설탕	65 로큐쥬우고	65 로큐쥬우고
4	バニラ 바니라 바닐라	0.05 레이텐레이고	0.05 레이텐레이고
合計 코우게이 합계	-	230.05% 니햐쿠산쥬우레이텐레이고	230.05g 니햐쿠산쥬우레이텐레이고

21. アングレズクリームを 作る 順番は 何ですか?

앙구레즈 쿠리-무오 쯔쿠루 쥰방와 난데스카?

앙글레즈 크림을 만드는 순서는 무엇입니까?

はい、アングレズ クリームを 作る 順番は 牛乳を 煮る→ 卵黄を 泡立てる→ 卵黄に 牛乳を 混ぜる→ 作り 直します。

하이, 앙구레즈쿠리-무오 쯔쿠루 쥰방와 규우뉴우오 니루→ 란오우오 아와다테루→ 란오우니 규우뉴우오 마제루→ 쯔쿠리 나오시마스.

네, 앙글레즈크림을 만드는 순서는 우유 끓이기→ 노른자 거품 올리기→ 노른자에 우유 섞기→ 다시 끓이기입니다.

22. ムース クリームは 何ですか?

무스 쿠리-무와 난데스카?

무스 크림은 무엇입니까?

はい、ムース クリームは 生クリームを 泡立て ゼラチン、バニラ フルーツ ピューレを 入れた 物です。

하이, 무-스 쿠리-무와 나마쿠리-무오 아와다테테 제라친, 바니라, 후루-쯔 퓨-레오 이레타 모노데스.

네, 무스 크림은 생크림을 거품 올리고 젤라틴, 바닐라, 과일 퓨레를 넣은 것입니다.

23. ムース クリーム 配合表

무스 쿠리-무 하이고우효우

무스 크림 배합표

順序 쥰죠 순서	材料 자이료우 재료	配合 比率(%) 하이고우 히리쯔 배합 비율(%)	配合量(g) 하이코우료우 배합량(g)
1	生クリーム 나마쿠리-무 생크림	100 햐쿠	100 햐쿠
2	30° 시롯푸 시럽	50 고쥬우	50 고쥬우
3	ゼラチン 제라친 젤라틴	1.5 잇텐고	1.5 잇텐고
4	バニラ 바니라 바닐라	0.5 게이텐고	0.05 레이텐레이고

5	洋酒 요우슈 양주	0.5 레이텐고	0.05 레이텐레이고
6	果物 ピューレ 쿠타모노 퓨-레 과일 퓨레	30 산쥬우	30 산쥬우
合計 코우게이 합계	-	182.5% 햐쿠하치쥬우렌고	182.5g 햐쿠하치쥬우렌고

24. ムース クリームを 作る 順番は 何ですか?

무-스 쿠리-무오 쯔쿠루 쥰방와 난데스카?

무스 크림을 만드는 순서는 무엇입니까?

はい、ムースクリームを 作る 順番は 生クリームを 泡立てる→ ゼラチンを 混ぜる→ 洋酒を 加える→ 固める ことです。

하이, 무-스쿠리-무오 쯔쿠루 쥰방와 나마쿠리-무오 아와다테루 제라친오 마제루→ 요우슈오 쿠와에루 → 카타메루 코토데스.

네, 무스 크림을 만드는 순서는 생크림을 거품 올리기→ 젤라틴 섞기→ 양주 첨가하기→ 굳히기입니다.

第18課
だい 18 か

砂糖 菓子は 何ですか?
さとう かし なん

사토우 카시와 난데스카?

설탕 과자는 무엇입니까?

第18課

砂糖 菓子は 何ですか？
사토우 카시와 난데스카?

설탕 과자는 무엇입니까?

---

01. 砂糖 菓子は 何ですか？
사토우 카시와 난데스카?

설탕 과자는 무엇입니까?

はい、砂糖 菓子は 砂糖の 加工品、果物、ナッツ、チョコレートを 砂糖 加工して 作られた 物です。

하이, 사토우 카시와 사토우노 카코우힝, 쿠나모노, 닛쯔, 초고레 도오 사토우 카코우시테 쯔쿠라레타 모노데스,

네, 설탕 과자는 설탕의 가공품, 과일, 견과, 초콜릿을 설탕으로 가공하여 만든 것입니다.

砂糖 菓子の 種類
사토우 카시노 슈루이

설탕 과자의 종류

砂糖 菓子	砂糖 加工品	果物 加工品	ナッツ 加工品	チョコレート加工品
사토우 카시	사토우 카코우빙	쿠다모노 카코우빙-	낫쯔 카코우빙-	초코레-토 카코우빙
설탕 과자	설탕 가공품	과일 가공품	넛류 가공품	초콜릿 가공품

02. 砂糖 菓子の 沸かす 温度と 器具は 何が ありますか?

사토우 카시노 와카스 온도토 키구와 나니가 아리마스카?

설탕 과자의 끓이는 온도와 기구는 무엇이 있습니까?

はい、砂糖 菓子の 沸かす 温度は 200~300℃で 器具は 温度計ボール、比重測定器が あります。

하이, 사토우 카시노 와카스 온도와 니하쿠～산뱌쿠데 키구와 온도케이 보-루 히쥬우 소쿠테이키가 아리마스.

네, 설탕 과자의 끓이는 온도는 200~300℃이며, 기구는 온도계, 볼, 비중 측정기가 있습니다.

03. 砂糖の 性質は 何ですか?

사토우노 세이시쯔와 난데스카?

설탕의 성질은 무엇이 있습니까?

はい、砂糖の性質は 溶解性、着色性、吸湿性、防腐性、老化防止性、浸透性、造形性、粘性、酸化防止性、ゼリー化、結晶化の 11種類が あります。

하이, 사토우노 세이시쯔와 요우카이세이, 챠쿠쇼쿠세이, 큐우시쯔세이, 보우후세이, 로우카보우시세이, 신토우세이, 죠우케이세이, 넨세이, 산카보우시세이, 제리-카, 켓쇼우카노 쥬우이치 슈루이가 아리마스.

네, 설탕의 성질은 용해성, 착색성, 흡습성, 방부성, 노화 방지성, 침투성, 조형성, 점성, 산화 방지성, 젤리화, 결정화 등 11가지가 있습니다.

砂糖の 性質

사토우노 세이시쯔

설탕의 성질

溶解性 요우카이세이 용해성	着色性 챠쿠쇼쿠세이 착색성	吸湿性 큐우시쯔세이 흡습성	防腐性 보우후세이 방부성
老化防止性 로우카보우시세이 노화 방지성	浸透性 신토우세이 침투성	造形性 죠우케이세이 조형성	粘性 넨세이 점성
酸化 防止性 산카 보우시세이 산화 방지성	ゼリー化 제리-카 젤리화	結晶化 켓쇼우카 결정화	甘味性 감미세이 감미성

04. 砂糖の 液は 何ですか?

사토우노 에키와 난데스카?

설탕 액은 무엇입니까?

はい、砂糖液は 砂糖を 煮込んだ 物で、糖度、温度、用途が あります。

하이, 사토우에키와 사토우오 니콘다 모노데 토우도, 온도, 요우토가 아리마스.

네, 설탕 액은 설탕을 끓인 것으로 당도, 온도, 용도가 있습니다.

05. 砂糖 菓子の 種類は 何が ありますか?

사토우 카시노 슈루이와 나니가 아리마스카?

설탕 과자의 종류는 무엇이 있습니까?

はい、砂糖 菓子の 種類は 砂糖を 主原料とした もの、ナッツ類に 砂糖を 加工した 物、果実類に 砂糖を 加工した 果実、チョコレートを 用いる 物が あります。

하이, 사토우 카시노 슈루이와 사토우오 슈겐료우우토시타 모노, 낫쯔루이니 사토우오 카코우시타 모노, 카지쯔루이니 사토우오 카코우시타 카지쯔, 초코레-토오 모치이루 모노가 아리마스.

네, 설탕 과자의 종류는 설탕을 주원료로 한 것, 견과류(넛류)에 설탕을 가공한 것, 과실류에 설탕을 가공한 과실, 초콜릿을 이용하는 것이 있습니다.

砂糖 菓子の 種類

사토우 카시노 슈루이

설탕 과자의 종류

砂糖を 主原料 사토우오 슈하라료우	ナッツ類に 砂糖を 加工 낫쯔루이니 사토우오 카코우	果実類に 砂糖を 加工 카지쯔루이니 사토우오 카코우	果実を 加工 카지쯔오	チョコレートを 加工 초코레-토오 카코우
설탕을 주원료	넛류에 설탕 가공	과실류에 설탕가공	과실을 가공	초콜릿을 가공

06. 砂糖 菓子は 何が ありますか?

사토우 카시와 나니가 아리마스카?

설탕 과자는 무엇이 있습니까?

はい、砂糖 菓子は ボンボン チョコレート、ヌガー、プラリネ、フォンダン、
キャラメル、フルーツナッツ類が あります。

하이, 사토우 카시와 본본 초코레-토, 누가-, 푸라리네, 혼당, 캬라메루, 후루-쯔낫쯔루이가 아리마스.

네, 설탕 과자는 봉봉 초콜릿, 누가, 프랄리네, 펀던트, 캐러멜, 과일 넛류가 있습니다.

砂糖 菓子

사토우 카시

설탕 과자

キャンディー	キャラメル	プラリネ	ヌガー
칸디-	갸라메루	프라리네	누가-
사탕	**캐러멜**	**프랄리네**	**누가**
フォンダン	チョコレート	ボンボンチョコレート	フルーツ ナッツ類
혼당	초코레-토	본본초코레-토	후루-쯔 낫쯔루이
펀던트	**초콜릿**	**봉봉 초콜릿**	**과일 넛류**

07. チョコレート(chocolate)は 何ですか?

초코레-토와 난데스카?

초콜릿(chocolate)은 무엇입니까?

はい、チョコレートは カカオ豆から 抽出した、独特の 香りを つけて 風味の
ある 物です。

하이, 초코레-토와 카카오 마메카라 시타 도쿠토쿠노 카오리오 쯔케테 후우미노 아루 모노데스.

네, 초콜릿은 카카오콩에서 추출한 특유의 향을 쓰고 풍미를 지닌 것입니다.

08. チョコレートの 材料と 製法は 何ですか?

초코레-토노 자이료우토 세이호우와 난데스카?

초콜릿의 재료와 제법은 무엇입니까?

はい、チョコレートの 材料は カカオ豆で、製法は カカオ豆を 炒めて 皮を
むいて、カカオバター、砂糖、牛乳を 入れて 柔らかくした 物です。

하이, 초코레-토노 자이료우와 카카오마메데 세이호우와 카카오마메오 이타메테 카와오 무이테, 카카오바
타-, 사토우, 규우뉴우오 이레테 야와라카쿠 시타 모노데스.

네, 초콜릿의 재료는 카카오콩이며, 제법은 카카오콩을 볶아 껍질을 벗기고 카카오
버터, 설탕, 우유를 넣어 부드럽게 만든 것입니다.

09. チョコレートの 成分は 何ですか？

초코레-토노 세이분와 난데스카?

초콜릿의 성분은 무엇입니까?

はい、チョコレートの 成分は カカオバターが 30~40%、カカオ 固形分が
60~70%です。

하이, 초코레-토노 세이분와 카카오바타-가 산쥬우~욘쥬우 파-센토 카카오코케이분가 로쿠쥬우~나나쥬
우 파-센토데스.

네, 초콜릿의 성분은 카카오 버터 30~40%, 카카오 고형분 60~70%입니다.

10. チョコレートの 種類は 何が ありますか？

초코레-토노 슈루이와 나니가 아리마스카?

초콜릿의 종류는 무엇이 있습니까?

はい、チョコレートの 種類は クーベルチュール チョコレート、バニラ
チョコレート、ミルク チョコレート、ホワイト チョコレートが あります。

하이, 초코레-토노 슈루이와 쿠-베루츄-루 초코레-토, 바니라초코레-토, 미루쿠초코레-토, 호와이토 초
코레-토가 아리마스.

네, 초콜릿의 종류는 쿠베르츄르 초콜릿, 바닐라 초콜릿, 밀크 초콜릿, 화이트 초콜릿이
있습니다.

チョコレートの 種類
초코레-토노 슈루이

초콜릿의 종류

クーベルチュールチョコレート	バニラ チョコレート	ミルク チョコレート	ホワイト チョコレート
쿠-베루츄-루 초코레-토	바니라 초코레-토	미루쿠 초코레-토	후와이토 초코레-토
쿠베르츄르 초콜릿	바닐라 초콜릿	밀크 초콜릿	화이트 초콜릿

11. チョコレートの 温度調節(テンパリング)は 何ですか?
초코레-토노 온도죠우세쯔(텐파린구)와 난데스카?

초콜릿의 온도조절(템퍼링)은 무엇입니까?

はい、チョコレートの 温度調節は チョコレートを 光沢を 出して 柔らかく する ために、安定した 状態で チョコレートバターを 溶かす 作業で テンパリングと 呼ばれて います。

하이, 초코레-토노 온도 죠우세쯔와 초코레-토오 코우타쿠오 다시테 야와라카쿠스루 타메니 안테이시타 죠우타이데 초코레-토바타-오 토카스 사교우데 텐파린구토 요바레테 이마스.

네, 초콜릿의 온도조절은 초콜릿을 광택을 내고 부드럽게 만들기 위해 안정된 상태로 초콜릿 버터를 녹이는 작업으로 템퍼링이라 합니다.

12. チョコレートの 温度調節(テンパリング)の 目的は 何ですか?
초코레-토노 온도 죠우세쯔(텐파린구)노 모쿠테키와 난데스카?

초콜릿의 온도조절(템퍼링) 목적은 무엇입니까?

はい、チョコレートの 温度調節の 目的は カカオバターの 5種類の 他の 脂肪分子を 溶かし やすくする ことです。

하이, 초코레-토노 온도 죠우세쯔노 모쿠테키와 카카오바타-노 고슈루이노 호카노 시보우분시오 토카시 야스쿠 스루 코토데스.

네, 초콜릿의 온도조절 목적은 카카오 버터의 5가지 다른 지방분자를 잘 녹여 블룸 현상이 생기지 않게 하는 것입니다.

13. チョコレートの 温度調節(テンパリング)の プロセスは 何ですか?

초코레-토노 온도 죠우세쯔 텐파린구노 푸로세스와 난데스카?

초콜릿의 온도조절(템퍼링)의 과정은 무엇입니까?

はい、チョコレートの テンパリングの プロセスは チョコレート 溶かし(40~50℃)、チョコレートの 温め(26~27℃)、チョコレートの 温め(31~33℃)です。

하이, 초코레-토노 텐파린구노 푸로세스와 초코레-토 토카시(욘쥬우~고쥬우), 초코레-토노 아타타메(니쥬우로쿠~니쥬우나나) 초코레-토노 아타타메(산쥬우이치~산쥬우산) 데스.

네, 초콜릿의 템퍼링의 과정은 초콜릿 녹이기(40~50℃), 초콜릿 온도 내리기(26~27℃), 초콜릿 온도 올리기(31~33℃), 초콜릿 굳히기입니다.

チョコレートの 温度調節(テンパリング)

초코레-토노 온도 죠우세쯔(텐파린구)

초콜릿의 온도조절(템파링)

溶かし	温め	温め
토카시	아타타메	아타타메
40~50℃	26~27℃	31~33℃
욘쥬우~고쥬우노	니쥬우로쿠 니쥬아나노	산쥬우이치~산쥬우산노
녹임 40~50℃	덥힘 26~27℃	덥힘 31~33℃

14. チョコレートの ブルーム 現象は 何ですか?

초코레-토노 부루-무 겐쇼-우와 난데스카?

초콜릿의 블룸 현상은 무엇입니까?

はい、チョコレートの ブルーム 現象は カカオバターの 結晶、砂糖の 結晶が できて チョコレートの 組織が 弱まる 現象です。

하이, 초코레-토노 부루-무겐쇼우와 카카오바타-노 켓쇼우, 사토우노 켓쇼우가 데키테 초코레-토노 소시키가 요와마루 겐쇼우데스.

네, 초콜릿의 블룸 현상은 카카오 버터의 결정, 설탕의 결정이 생겨 초콜릿의 조직이 약화되는 현상입니다.

15. チョコレートの ブルーム 現象^{げんしょう}の 種類^{しゅるい}は 何^{なに}が ありますか？

초코레-토노 부루-무 겐쇼우노 슈루이와 나니가 아리마스카?

초콜릿의 블룸 현상의 종류는 무엇이 있습니까?

はい、チョコレートブルーム 現象^{げんしょう}は 脂肪^{しぼう}の ブルーム(油脂^{ゆし})と
砂糖^{さとう}の ブルーム(砂糖^{さとう} 結晶^{けっしょう})の 2つが あります。

하이, 초코레-토부루-무겐쇼우와 시보우노 부루-무(유시)토 사토우노 부루-무(사토우 켓쇼우)노 후타쯔가
아리마스.

네, 초콜릿 블룸 현상은 지방 블룸(유지)과 설탕 블룸(설탕 결정)의 2가지가 있습니다.

16. フォンダン(foudant)は 何^{なん}ですか？

혼당와 난데스카?

펀던트(foudant)는 무엇입니까?

はい、フォンダンは 砂糖液^{さとうえき}を 煮詰^{につ}めて から 練^ねり上^あげた 砂糖^{さとう}の 結晶^{けっしょう}です。

하이, 혼당와 사토우에키오 니쯔메테카라 네리아게타 사토우노 켓쇼우데스.

네, 펀던트는 설탕 액을 졸인 후 이겨 만든 설탕 결정체입니다.

17. フォンダンの 種類^{しゅるい}は 何^{なに}が ありますか？

혼당노 슈루이와 나니가 아리마스카?

펀던트의 종류는 무엇이 있습니까?

はい、フォンダンの 種類^{しゅるい}は チョコレートフォンダン、カフェフォンダン、
キャラメルフォンダンが あります。

하이, 혼당토노 슈루이와 초코레-토 혼당, 카훼 혼당, 캬라메루 혼당가 아리마스.

네, 펀던트의 종류는 초콜릿 펀던트, 카페 펀던트, 캐러멜 펀던트가 있습니다.

フォンダンの 種類
혼당노 슈루이

편던트의 종류

フォンダン 혼당 편던트	チョコレートフォンダン 초코레-토 혼당 초콜릿 펀던트	カフェ フォンダン 카훼 혼당 카페 펀던트	キャラメルフォンダン 캬라메루 혼당 캐러멜 펀던트

18. フォンダンの 結晶 状態と 保管は 何ですか?
혼당노 켓쇼우 죠우타이토 호칸토와 난데스카?

편던트의 결정 상태와 보관은 무엇입니까?

はい、フォンダンの 結晶状態は 撹拌に よって つくられ、使用時に 体温 程度に 溶かして 使い、保管は 冷蔵庫で 保管します。

하이, 혼당토노 켓쇼우 죠우타이와 카쿠한니 욧테 쯔쿠라레, 시요우 토키니 타이온 테이도니 토카시테 쯔카이, 호칸와 레이조우코데 호칸시마스.

네, 펀던트의 결정 상태는 교반에 의해 만들어지며, 사용 시 체온 정도로 녹여 사용하며, 보관은 냉장고에서 합니다.

19. フォンダン 配合表
혼당 하이고우효우

편던트 배합표

順序 쥰죠 순서	材料 자이료우 재료	配合 比率(%) 하이고우 히리쯔 배합 비율(%)	配合量(g) 하이코우료우 배합량(g)
1	砂糖 사토우 설탕	100 햐쿠	100 햐쿠
2	水 미즈 물	20~30 니쥬우~산쥬우	20~30 니쥬우~산쥬우
合計 코우게이 합계	-	120~130% 햐쿠니쥬우~햐쿠산쥬우	120~130g 햐쿠니쥬우~햐쿠산쥬우

20. フォンダンを 作る 手順は 何ですか?

혼당오 쯔쿠루 테쥰와 난데스카?

펀던트를 만드는 순서는 무엇입니까?

はい、フォンダンを 作る順番は 砂糖を 煮る→ 撹拌→ 保管です。

하이, 혼당오 쯔쿠루 쥰방와 사토우오 니루 → 카쿠한→ 호칸데스.

네, 펀던트를 만드는 순서는 설탕 끓이기→ 교반하기→ 보관입니다.

21. プラリネ、ヌーガは 何ですか?

푸라리네, 누-가와 난데스카?

프랄리네, 누가는 무엇입니까?

はい、プラリーネや ヌーガーは アーモンドなどの ナッツに 砂糖液を 塗り つぶして ローラーを 通して 作った お菓子です。

하이, 푸라리-네야 누-가와 아-몬도나도노 낫쯔니 사토우에키오 누리 쯔부시테 로-라-오 도오시테 쯔쿳타 오카시데스.

네, 프랄리네와 누가는 아몬드 등 넛류에 설탕 액을 입혀 롤러를 통과하여 만든 과자입니다.

22. 装飾ヌーガー 配合表

소우쇼쿠 누-가 하이고우효우

장식용 누가 배합표

順序 쥰죠 순서	材料 자이료우 재료	砂糖 比率(%) 사토우 히리쯔 설탕 비율(%)	アーモンドスライス 아-몬도 스라이스 아몬드 슬라이스(g)
1	装飾ヌーガー 소우쇼쿠 누-가 장식용 누가	100 햐쿠	50 고쥬우
2	プラリーネ ヌーガー 프라리-네 누-가 프랄리네 누가	100 햐쿠	30 산쥬우

3	細工用 ヌーガー 사이쿠요우 누-가 세공용 누가	100 하쿠	20 니쥬우
合計 코우게이 합계	-	300% 산뱌쿠	100g 햐쿠

23. 装飾用 ヌガー、プラリネーを 作る 順番は 何ですか?

소우쇼쿠요우 누가-, 푸라리네-오 쯔쿠루 쥰방와 난데스카?

장식용 누가, 프랄리네 만드는 순서는 무엇입니까?

はい、ヌガー、フラリネーを 作る 順番は アーモンド、ヘーゼルナッツに 砂糖 液を 塗り、ヌガーを 作り、ローラーを 通して フラリネを 作ります。

하이, 누가, 푸라리네-오 쯔쿠루 쥰방와 아-몬도, 헤-제루 낫쯔니 사토우 에키오 누리, 누가-오 쯔쿠리로-라-오 도오시테 푸라리네오 쯔쿠리마스.

네, 누가 프랄리네를 만드는 순서는 아몬드, 헤즐넛에 설탕 액을 입혀 누가를 만들고 롤러를 통과시켜 프랄리네를 만듭니다.

24. ゼリーは 何ですか?

제리-와 난데스카?

젤리는 무엇입니까?

はい、ゼリーは いろいろな 果汁や ワイン、コーヒーなどに 砂糖を 入れ、ゼラチンを 混ぜて 硬く 固めた 物です。

하이, 제리-와 이로이로나 카쥬우야 와인 코-히- 나도니 사토우오 이레, 제라친오 마제테 카타쿠 카타메타 모노데스.

네, 젤리는 여러 가지 과즙이나 와인, 커피 등에 설탕을 넣고 젤라틴을 혼합하여 딱딱하게 굳힌 것입니다.

25. ゼリーの 種類は 何が ありますか?

제리-노 슈루이와 나니가 아리마스카?

젤리의 종류는 무엇이 있습니까?

はい、ゼリーの　種類は　ゼラチンゼリー、寒天ゼリー、ペクチン　ゼリーが　あります。

하이, 제리-와 제라친 제리-, 칸텐 제리-, 페쿠친 제리-가 아리마스.

네, 젤리 종류는 한천, 펙틴 젤리가 있습니다.

ゼリーの　種類
제리-노 슈루이

젤리의 종류

ゼリーの　種類 제리-노 슈루이 젤리의 종류	ゼラチン　ゼリー 제라친 제리- 젤라틴 젤리	寒天　ゼリー 칸텐 제리- 한천 젤리	ペクチン　ゼリー 페쿠친 제리- 펩틴 젤리
オレンジ　ゼリー 오렌지 제리- 오렌지 젤리	ワイン　ゼリー 와인 제리- 와인 젤리	フルーツ　ゼリー 후루-쯔 제리- 과일 젤리	コーヒー　ゼリー 코-히- 제리- 커피 젤리

26. ゼリーの　材料は　何が　ありますか?

제리-노 자이료우와 나니가 아리마스카?

젤리의 재료는 무엇이 있습니까?

はい、ゼリーの　材料は　フルーツ　ジュースと　ゼラチンです。

하이, 제리-노 자이료우와 후루-쯔 쥬-스토 제라친데스.

네, 젤리의 재료는 과일 쥬스와 젤라틴입니다.

ゼリーの　材料
제리-노 자이료우

젤리의 재료

フルーツ　ジュース 후루-쯔 쥬-스 과일 주스	ゼラチン 제라친 젤라틴	寒天 칸텐 한천	ペクチン 페쿠친 펩틴

27. ゼラチン ゼリー配合表
제라친 제리- 하이고우효우

젤라틴 젤리 배합표

順序 쥰죠 순서	材料 자이료우 재료	配合 比率(%) 하이고우 히리쯔 배합 비율(%)	配合量(g) 하이코우료우 배합량(g)
1	水 미즈 물	100 햐쿠	100 햐쿠
2	砂糖 사토우 설탕	25 니쥬우고	25 니쥬우고
3	ゼラチン 제라친 젤라틴	4 욘	4 욘
4	レモン果汁 레몬 카쥬우 레몬 과즙	10 쥬우	10 쥬우
5	レモン 皮 레몬 가와 레몬 과피	5 고	5 고
6	卵白 란바쿠 흰자	30 산쥬우	30 산쥬우
7	メース 메-즈 메이스	0.01 레이텐레이이치	0.01 레이텐레이이치
8	オールスパイス 오-루스파이스 올 스파이스	0.01 레이텐레이이치	0.01 레이텐레이이치
合計 코우게이 합계	-	174.02% 햐쿠나나쥬우텐고	174.02g 햐쿠나나쥬우텐고

28. ゼラチン ゼリーを 作る 順番は 何ですか？

제라친 제리-오 쯔쿠루 쥰방와 난데스카?

젤라틴 젤리를 만드는 순서는 무엇입니까?

はい、ゼリーを 作る 順番は ゼラチン 膨らまし→ 果汁 沸かす→
果汁 混ぜ→ ふるいに かける→ 固める ことが あります。

하이, 제리-오 쯔쿠루 쥰방와 제라친 후쿠라마시→ 카쥬우 와카스→ 카쥬우 마제 → 후루이니 카케루→ 카타메루 코토가 아리마스.

네, 젤리를 만드는 순서는 젤라틴 불리기→ 과즙 끓이기→ 과즙 섞기→ 체 거르기 → 굳히기가 있습니다.

29. ワイン ゼリー、フルーツ ゼリー、コーヒー ゼリー 配合表

와인 제리-, 후루-쯔 제리-, 코-히- 제리- 하이고우효우

포도주 젤리, 과일 젤리, 커피 젤리 배합표

順序 준죠 순서	젤리 종류	材料 자이료우 재료	配合 比率(%) 하이고우 히리쯔 배합 비율(%)	配合量(g) 하이코우료우 배합량(g)
1	ワイン ゼリー 와인제리- 포도주 젤리	基本 ゼリー液 기혼 제리-에키 기본 젤리액	100 햐쿠	100 햐쿠
		白ワイン 시로와인 백포도주	20 니쥬우	20 니쥬우
		合計 코우게이 합계	120% 햐쿠니쥬우	120g 햐쿠니쥬우
2	フルーツ ゼリー 후루쯔제-리 과일 젤리	基本 ゼリー液 기혼 제리-에키 기본 젤리액	100 햐쿠	100 햐쿠
		果物 果汁 쿠타모노 카쥬우 과일 과즙	20 니쥬우	20 니쥬우

		洋酒 요우슈 양주	2 니	2 니
		合計 코우게이 합계	122% 햐쿠니쥬우니	122g 햐쿠니쥬우니
3	コーヒー ゼリー 코-히-제-리 커피 젤리	水 미즈 물	100 햐쿠	100 햐쿠
		コーヒー 코-히- 커피	7 나나	7 나나
		砂糖 사토우 설탕	11 쥬우이치	11 쥬우이치
		ゼラチン 제라친 젤라틴	2 니	2 니
		水 미즈 물(커피용)	9 큐우	9 큐우
		モカ酒 모카슈 모카술	2 니	2 니
		ブランデー 브란디- 브랜디	2.5 니덴고	2.5 니덴고
		合計 코우게이 합계	132% 햐쿠산쥬우니	132g 햐쿠산쥬우니

30. コーヒー ゼリーを 作る 順番は 何ですか？

코-히-제리-오 쯔쿠루 쥰방와 난데스카?

커피 젤리를 만드는 순서는 무엇입니까?

はい、コーヒーゼリーを 作る 順番は 湯沸かし➔ コーヒーの 液抽出➔
ゼラチンを 混ぜる➔ 型に 注いで 入れる ことです。

하이, 코-히-제리-오 쯔쿠루 쥰방와 유와카시➔ 코-히-노 에키쥬우슈쯔➔ 제라친오 마제루➔ 카타니 소
소이데 이레루 코토데스.

네, 커피 젤리를 만드는 순서는 물 끓이기➔ 커피 액 추출➔ 젤라틴 혼합하기➔ 틀에
부어 넣기입니다.

第19課

<ruby>発酵<rt>はっこう</rt></ruby> <ruby>菓子<rt>かし</rt></ruby>は <ruby>何<rt>なん</rt></ruby>ですか?

핫코우 카시와 난데스카?

발효 과자는 무엇입니까?

第19課

発酵 菓子は 何ですか?
핫코우 카시와 난데스카?

발효 과자는 무엇입니까?

01. 発酵 菓子は 何ですか?
핫코우 카시와 난데스카?

발효 과자는 무엇입니까?

はい、発酵 菓子は 小麦粉と 水と 酵素(イースト)で 生地を 発酵させて 焼いた 物です。

하이, 핫코우 카시와 코무기코토 미즈토 코우소(이-스토)데 키지오 핫코우 사세테 야이디 모노데스.

네, 발효 과자는 밀가루와 물과 효소(이스트)로 반죽을 발효시켜 구운 것입니다.

02. 発酵 菓子 生地の 条件は 何が ありますか?
핫코우 카시 키지노 죠우켄와 나니가 아리마스카?

발효 과자 반죽의 조건은 무엇이 있습니까?

はい、発酵 菓子 生地の 条件は 温度管理、湿度管理、時間管理、衛生管理が あります。

하이, 핫코우 카시 키지노 죠우켄와 온도카리, 시쯔도칸리, 지칸칸리, 에이세이칸리데스.

네, 발효과자 반죽의 조건은 온도관리, 습도, 시간관리, 위생관리가 있습니다.

発酵 菓子 生地の 条件
핫코우 카시키 지노 죠우켄

발효 과자 반죽의 조건

温度管理 온도칸리	湿度管理 시쯔도칸리	時間管理 지칸 칸리	衛生管理 에이세이칸리
온도관리	습도관리	시간관리	위생관리

03. 発酵 菓子 生地の 原材料は 何が ありますか?
핫코우 카시 키지노 겐자이료우와 나니가 아리마스카?

발효 과자 반죽의 원재료는 무엇이 있습니까?

はい、発酵 菓子 生地の 原材料は 強力粉、水、イースト、塩の 4つが あります。
하이, 핫코우 카시 키지노 겐자이료우와 쿄우리키코, 미즈, 이-스토, 시오노 욧쯔가 아리마스.

네, 발효과자 반죽의 원재료는 강력분, 물, 이스트, 소금의 4가지가 있습니다.

発酵 菓子 生地の 原材料
핫코우 카시 키지노 겐자이료우

발효과자 반죽의 원재료

強力粉 쿄우리키코	水 미즈	イースト 이-스토	塩 시오
강력분	물	이스트	소금

04. 発酵 菓子 生地の 材料の 役割は 何が ありますか?
핫코우 카시 키지노 자이료우노 야쿠와리와 나니가 아리마스카?

발효 과자 반죽의 재료의 역할은 무엇이 있습니까?

はい、発酵 菓子 生地の 材料の 役割は 強力粉は 骨格や グルテを 形成、水は 材料を 溶かして グルテンを 形成、イーストは 生地の 発酵に よっで 生地を 膨張、塩は 塩味や 発酵を 調節、グルテンを 強化が あります。

하이, 핫코우 카시 키지노 자이료우노 야쿠와리와, 쿄우리키코와 콧카쿠야 구루텐오 케이세이, 미즈와 자이료우오 토카시테 구루텐오 케이세이, 이-스토와 키지노 핫코우니 욧테 키지오 보우죠우, 시오와 시오아지야 핫코우 죠우세쯔, 구루텐오 쿄우카가 아리마스.

네, 발효과자 반죽 재료의 역할은 강력분은 골격과 글루텐을 형성, 물은 재료를 녹이고 글루텐을 형성, 이스트는 반죽 발효를 통해 반죽을 팽창, 소금은 짠맛과 발효를 조절, 글루텐을 강화가 있습니다.

05. 発酵 菓子の 配合 割合は 何を 使いますか？

핫코우 카시노 하이고우 와리아이와 나니오 쯔카이마스카?

발효 과자의 배합 비율은 무엇을 사용합니까?

はい、発酵 菓子の 配合 割合は ベーカリーパーセントを 使います。

하이, 핫코우 카시노 하이고우 와리아이와 베-카리-파-센토오 쯔카이마스.

네, 발효 과자의 배합 비율은 베이커리 퍼센트(%)를 사용합니다.

06. 発酵 菓子 配合表(ベーカリーパーセント)

핫코우 카시 하이고우효우 베-카리-파-센토

발효 과자 배합표(베이커리 퍼센트)

順序 쥰죠 순서	材料 자이료우 재료	配合 比率(%) 하이고우 히리쯔 배합 비율(%)	配合量(g) 하이코우료우 배합량(g)
1	薄力粉 하쿠리키코 박력분	100 햐쿠	100 햐쿠
2	生イースト 나마이-스토 생이스트	3.5 산텐고	3.5 산텐고
3	バター 바타- 버터	5 고	5 고

4	砂糖 사토우 설탕	5 고	5 고
5	脱脂粉乳 닷시훈뉴우 탈지분유	2 니	2 니
6	製パン改良剤 세이팡가이료우자이 제빵개량제	2 니	2 니
7	卵 타마코 달걀	5 고	5 고
8	水 미즈 물 (牛乳 규우뉴우 우유)	60 로큐쥬우	60 로큐쥬우
合計 코우게이 합계	塩 시오 소금	183% 햐쿠하치쥬우산	183g 햐쿠하치쥬우산

07. 発酵 菓子 生地を 作る 順番は 何ですか?

핫코우 카시 키지오 쯔쿠루 쥰방와 난데스카?

발효 과자 반죽을 만드는 순서는 무엇입니까?

はい、発酵 菓子 生地を 作る 順番は ミキシング→ 第1次発酵→ 分割→ ガス抜き→ 丸め→ 中間発酵→ 成形→ 第2次発酵→ 焼きです。

하이, 핫코우 카시 키지오 쯔쿠루 쥰방와 미키싱구→ 다이이치지 핫코우→ 분카쯔→ 가스누키→ 마루메→ 쥬우칸 핫코우→ 세이케이→ 다이니지 핫코우→ 야키데스.

네, 발효 과자 반죽을 만드는 순서는 믹싱→ 제1차 발효→ 분할→ 가스빼기→ 둥글리기 → 중간발효→ 성형→ 제2차 발효→ 굽기입니다.

08. 発酵 菓子 生地の 種類は 何が ありますか?

핫코우 카시 키지노 슈루이와 나니가아리마스카?

발효 과자의 종류는 무엇이 있습니까?

はい、発酵 菓子の 種類は ブリオッシュ、ククロフ、ババ、サバランが あります。

하이, 핫코우 카시노 슈루이 부리옷슈, 쿠쿠로후, 바바, 사바란가 아리마스.

네, 발효 과자의 종류는 브리오슈, 쿠쿠로프, 바바, 사바랭 있습니다.

発酵 菓子の 種類

핫코우 카시노 슈루이

발효 과자의 종류

ブリオッシュ	ククロフ	ババ	サバラン
부리옷슈	쿠쿠로후	바바	사바란
브리오슈	쿠쿠로프	바바	사바랭

09. ブリオッシュの 特徴は 何ですか?

브리옷슈노 토쿠죠우와 난데스카?

브리오슈의 특징은 무엇입니까?

はい、ブリオッシュの 特徴は バター、卵、オレンジピールを 入れた 高配合で 柔らかくて おいしいです。

하이, 브리옷슈노 토쿠죠우와 바타-, 타마고, 오렌지피-루오 이레타 코하이고우데 야와라카쿠테 오이시이데스.

네, 브리오슈의 특징은 버터, 달걀, 오렌지 필을 넣은 고배합으로 부드럽고 맛이 좋은 것이 특징입니다.

10. ドーナツは 何ですか?

도-나쯔와 난데스카?

도넛은 무엇입니까?

はい、ドーナツは 発酵 菓子の 生地を 油で 揚げた 物です。

하이, 도-나쯔와 핫코우 카시노 키지오 아부라데 아게타 모노데스.

네, 도넛은 발효 과자 반죽을 기름에 튀긴 것입니다.

11. ドーナツ 生地は 何が ありますか?

도-나쯔와 키지와 나니가 아리마스카?

도넛 반죽은 무엇이 있습니까?

はい、ドーナツ 生地(きじ)は 大(おお)きく 分(わ)けて 2種類(にしゅるい) あり、ベーキングパウダーを 用(もち)いて 膨(ふく)らませた ケーキドーナツ、イースト菌(きん)を 用(もち)いて 発酵(はっこう)させて 膨(ふく)らませた イーストドーナツが あります。

하이, 도-나쯔 키지와 오오키쿠 와케테 니슈루이 아리, 베-킨구파우다-오 모치이테 후쿠라마세타 케-키 도-나쯔, 이-스토킨오 핫코우 사세테 후쿠라마세타 이-스토도-나쯔가 아리마스

네, 도넛 반죽은 크게 나누어 2종류가 있고, 베이킹파우더를 사용하여 부풀린 케이그 도넛, 이스트균을 사용하여 발효시켜 부풀린 이스트 도넛이 있습니다.

12. ドーナツの 種類(しゅるい)は 何(なに)が ありますか?

도-나쯔노 슈루이와 나니가 아리마스카?

도넛의 종류는 무엇이 있습니까?

はい、ドーナツの 種類(しゅるい)は ケーキドーナツ、イーストドーナツ、果物(くだもの)ドーナツ、ナッツ 添加(てんか)ドーナツが あります。

하이, 도-나쯔노 슈루이와 케-키도-나쯔, 이-스토 도-나쯔, 쿠다모노도나쯔, 낫쯔 텐카도-나쯔가 아리마스.

네, 도넛의 종류는 케이크 도넛, 이스트 도넛, 과일 도넛, 견과 첨가 도넛이 있습니다.

13. ケーキドーナツは 何(なん)ですか?

케-키 도-나쯔와 난데스카?

케이크 도넛은 무엇입니까?

はい、ケーキドーナツは 生地(きじ)に 膨張剤(ぼうちょうざい)を 加(くわ)えて 成形(せいけい)して 揚(あ)げた 物(もの)です。

하이, 케-키 도-나쯔와 키지니 보우죠우자이오 쿠와에타 세이케이시테 아게타 모노데스.

네, 케이크 도넛은 반죽에 팽창제를 첨가하여 성형하여 튀긴 것입니다.

14. ケーキドーナツ 配合表
케-키 도-나쯔 하이고우효우

케이크 도넛 배합표

順序	材料	配合 比率(%)	配合量(g)
준죠 순서	자이료우 재료	하이고우 히리쯔 배합 비율(%)	하이코우료우 배합량(g)
1	薄力粉 하쿠리키코 박력분	100 하쿠	100 하쿠
2	砂糖 사토우 설탕	25~40 니쥬우고~욘쥬우	25~40 니쥬우고~욘쥬우
3	卵 타마코 달걀	10~30 쥬우~산쥬우	10~30 쥬우~산쥬우
4	香辛料 코우신료우 향신료	0.5~2 레이텐고~니	0.5~2 레이텐고~니
5	脱脂粉乳 탓시훈뉴우 탈지분유	4~8 욘~하치	4~8 욘~하치
6	ベーキングパウダー 베-킨구파우다- 베이킹파우더	3~5 산~고	3~5 산~고
7	塩 시오 소금	0.5~2 레이텐고~니	0.5~2 레이텐고~니
8	水 미즈 물	30~35 산쥬우~산쥬우고	30~35 산쥬우~산쥬우고
合計 코우게이 합계	-	173~222% 하쿠나나쥬우산~니햐쿠니쥬우니	173~222g 하쿠나나쥬우산~니햐쿠니쥬우니

15. ケーキ ドーナツを 作る 順序は 何ですか?

케키 도-나쯔오 쯔쿠루 쥰죠와 난데스카?

케이크 도넛 만드는 순서는 무엇입니까?

はい、ケーキドーナツを作る 順番は 生地ミキシング→ 第1次発酵→ 成形→ 中間発酵→ 揚げです。

하이, 케-키 도-나쯔오 쯔쿠루 쥰방와 키지미키싱구→ 다이이치지 핫코우→ 세이케이→ 쥬우칸 핫코우 → 아게데스.

네, 케이크 도넛 만드는 순서는 반죽 믹싱→ 제1차 발효→ 성형→ 중간발효→ 튀기기 입니다.

第20課

<ruby>第<rt>だい</rt></ruby>**20**<ruby>課<rt>か</rt></ruby>

<ruby>工芸<rt>こうげい</rt></ruby> <ruby>菓子<rt>かし</rt></ruby>は <ruby>何<rt>なん</rt></ruby>ですか?

코우게이 카시와 난 데스카?

공예 과자는 무엇입니까?

工芸 菓子は 何ですか?
코우게이 카시와 난 데스카?
공예 과자는 무엇입니까?

01. 工芸 菓子は 何ですか?
코우게이 카시와 난 데스카?
공예 과자는 무엇입니까?

はい、工芸 菓子は 菓子の 生地を 芸術的に 作った 菓子です。
하이, 코우게이 카시와 오카시노 키지오 게이쥬쯔테키니 쯔쿳타 카시데스.
네, 공예 과지는 과자의 반죽을 예술적으로 만든 과자입니다.

02. 工芸 菓子の 種類は 何が ありますか?
코우게이 카시노 슈루이와 나니가 아리마스카?
공예 과자의 종류는 무엇이 있습니까?

はい、工芸 菓子の 種類は 砂糖工芸、ヌガー工芸、チョコレート工芸、パスティアジュ工芸、氷工芸、ビスケット工芸、メレンゲ工芸、パン工芸、バター工芸、ドラジェ工芸が あります。
하이, 코우게이 카시노 슈루이와 사토우 코우게이, 누가 코우게이, 초코레-토 코우게이, 파스티아쥬코우게이, 코오리 코우게이, 비스켓토 코우게이, 메렌게 코우게이, 팡 코우게이, 바타- 코우게이, 도라제 코우게이가 아리마스.
네, 공예 과자의 종류는 설탕 공예, 누가 공예, 초콜릿 공예, 파스티아쥬 공예, 얼음 공예, 비스킷 공예, 머랭 공예, 빵 공예, 버터 공예, 드라제 공예가 있습니다.

工芸菓子の 種類
코우게이 카시노 슈루이

공예 과자의 종류

砂糖工芸	ヌガー工芸	チョコレート工芸	パスティアジュ工芸	氷工芸
사토우 코우게이	누가- 코우게이	초코레-토 코우게이	파스티아쥬코우게이	쿄우리 코우게이
설딩 공예	누가 공예	초콜릿 공예	파스티아쥬 공예	얼음 공예
ビスケット工芸	メレンゲ工芸	パン工芸	バター工芸	ドラジェ工芸
비스켓토 코우게이	메렌게 코우게이	팡 코우게이	바타- 코우게이	도라제 코우게이
비스킷 공예	머랭 공예	빵 공예	버터 공예	드라제 공예

03. 砂糖工芸は 何ですか?
사토우 코우게이와 난데스카?

설탕 공예는 무엇입니까?

はい、砂糖工芸は 砂糖を 加熱して 増やしたり、注いで 作った 菓子です。
하이, 사토우 코우게이와 사토우오 카네쯔시테 후야시타리, 소소이데 쯔쿳타 카시데스.

네, 설탕 공예는 설탕을 가열하여 늘리거나 부워 만든 과자입니다.

04. ヌガー 工芸は 何ですか?
누가- 코우게이와 난데스카?

누가 공예는 무엇입니까?

はい、ヌガー工芸は アーモンドと 砂糖を カラメル化した ロカンブシュという ウエディング 菓子で、ハーブ、飴を かぶせた お祝い 用に 作る 菓子ます。
하이, 누가- 코우게이와 아-몬도토 사토우오 카라메루카시타 로칸부슈토 이우 우에딘구카시데 하-부 아메오 카부세타 오이와이 요우니 쯔쿠루 카시데스.

네, 누가 공예는 아몬드와 설탕을 캐러멜화한 로캉브슈라는 웨딩과자로 허브, 엿을 씌운 축하용으로 만듭니다.

05. チョコレート 工芸は 何ですか?

초코레-토 코우게이와 난데스카?

초콜릿 공예는 무엇입니까?

はい、チョコレートを 型に 固めたり、切って いろいろな 形に した 菓子
です。

하이, 초코레-토오 카타니 카타메타리, 킷테 이로이로나 카타치니 시타 카시데스.

네, 초콜릿으로 틀에 굳히거나 잘라 붙여 여러 가지 모양을 만든 과자입니다.

06. パスティアジュ 工芸は 何ですか?

파스티아쥬 코우게이와 난데스카?

파스티아쥬 공예는 무엇입니까?

はい、パスティアージュ 工芸は シュガーパウダーや ゼラチン、ゴムなど
ペースト状の 生地を 作り、伸ばして 型に 入れて 乾燥させた 後に 組み
立てた 菓子です。

하이, 파스티아쥬 코우게이와 슈가-파우다-야 제라친, 고무나도 페-스토죠우노 키지오 쯔쿠리, 노바시테
카타니 이레테 칸소우사세타 아토니 쿠미타테타 카시데스.

네, 파스티이쥬 공예는 슈가파우더와 젤라틴, 고무 등 페이스트 상태의 반죽을 만들어
늘려 펴 틀에서 찍어내 건조시킨 후 조립한 과자입니다.

07. マジパン 工芸は 何ですか?

마지팡 코우게이와 난데스카?

마지팬 공예는 무엇입니까?

はい、マジパンを 利用して いろいろな 花、動物などを 作った 菓子です。

하이, 마지팡오 리요우시테 이로이로나 하나, 도우부쯔나도우 쯔쿳타 카시데스.

네, 마지팬을 이용하여 여러 가지 꽃, 동물 등을 만든 과자입니다.

08. 氷 工芸は 何ですか?

코오리 코우게이와 난데스카?

얼음 공예는 무엇입니까?

はい、氷工芸は 氷を 挽く のこぎり、刀を 使って 彫って 作ります。

하이, 코오리 코우게이와 코오리오 히쿠 노코기리, 카타나오 쯔캇테 홋테 쯔쿠리마스.

네, 얼음 공예는 얼음을 끌 톱, 칼을 사용하여 조각하여 만듭니다.

09. ビスケット 工芸は 何ですか?

비스켓토 코우게이와 난데스카?

비스킷 공예는 무엇입니까?

はい、ビスケット 工芸は クッキーや ビスケット生地で 作られた 菓子です。

하이, 비스켓토코우게이와, 쿳키-야 비스켓토키지데 쯔쿠라레타 카시데스.

네, 비스킷 공예는 쿠키나 비스킷 반죽으로 만든 과자입니다.

10. メレンゲ 工芸は 何ですか?

메렌게 코우게이와 난데스카?

머랭 공예는 무엇입니까?

はい、メレンゲ 工芸は 卵白に 砂糖を 入れて 泡立てた 後、着色、模様を 整えた 菓子です。

하이, 메렌게 고우게이와 란바쿠니 사토우오 이레테 아와다테타 아토, 차쿠쇼쿠 모요우오 토토노에타 카시데스.

네, 머랭 공예는 흰자에 설탕을 넣고 거품 올린 후 착색, 모양낸 과자입니다.

11. パン 工芸は 何ですか?

팡 코우게이와 난데스카?

빵 공예는 무엇입니까?

はい、パン 工芸は パン生地を いろいろな 形に した パンです。

하이, 팡 코우게이와 팡키지오 이로이로나 카타치니 시타 팡데스.

네, 빵 공예는 빵 반죽을 여러 가지 모양을 만든 빵입니다.

12. バター 工芸は 何ですか?

바타-코우게이와 난데스카?

버터 공예는 무엇입니까?

はい、バター工芸は バターを 使って デコレーションする 物です。

하이, 바타-코우게이와 바타-오 쯔캇테 데코레-션스루 모노데스.

네, 버터 공예는 버터를 사용하여 데커레이션을 하는 것입니다.

13. ドラジェ 工芸は 何ですか?

도라제 코우게이와 난데스카?

드라제 공예는 무엇입니까?

はい、ドラジェ 工芸は ドラジェを 造花させて 一つの 形を 作った菓子で、ブーケが あります。

하이, 도라제 코우게이와 도라제오죠우와 사세테 히토쯔노 카타치오 쯔쿳타 카시데, 부-케가 아리마스.

네, 드라제 공예는 드라제를 조화시켜 한 개의 모양을 만든 것으로 부케가 있습니다.

第21課

<ruby>だ<rt></rt></ruby>第<ruby>21<rt></rt></ruby>課<ruby>か<rt></rt></ruby>

<ruby>冷<rt>れい</rt></ruby><ruby>菓<rt>か</rt></ruby><ruby>子<rt>し</rt></ruby>は <ruby>何<rt>なん</rt></ruby>ですか?

레이카시와 난데스카?

얼음과자는 무엇입니까?

第21課

冷菓子は 何ですか？
레이카시와 난데스카?

얼음과자는 무엇입니까?

---

01. 冷菓子は 何ですか？
레이카시와 난데스카?

얼음과자는 무엇입니까?

はい、冷菓子は 果物の 汁物、ワイン、酒に 牛乳、生クリームを 入れて 凍らせて 作る 菓子です。

하이, 레이카시와 쿠다모노노 시루모노, 와인, 사케니 큐우뉴우, 나마쿠리-무우 이레테 코오라세테 쯔쿠루 카시데스.

네, 얼음과자는 과일의 즙, 와인, 술에 우유, 생크림을 넣어 얼려서 만드는 과자입니다.

冷菓子の 材料
레이카시노 자이료우

얼음과자의 재료

果汁	ワイン	水	牛乳	生クリーム	酒
카쥬우	와인	미즈	큐우뉴우	나마크리-무	사케
과즙	와인	물	우유	생크림	술

02. 冷菓子は 何ですか?

레이카시와 난데스카?

얼음과자는 무엇입니까?

はい、冷菓子は 水、牛乳、生クリーム、果汁を 凍らせた 菓子です。

하이, 레이카시와 미즈, 규우뉴우, 나마쿠리-무, 카쥬우오 코오라세타 오카시데스.

네, 얼음과자는 물, 우유, 생크림, 과즙을 얼린 과자입니다.

03. アイスクリームは 何ですか?

아이스쿠리-무와 난데스카?

아이스크림은 무엇입니까?

はい、アイスクリームは 乳脂肪分は 18パーセント 以上を 凍らせて 作った 菓子です。

하이, 아이스쿠리-무와 뉴우시보우분와 쥬우하치 파-센토 이죠우오 코오라세테 쯔쿳타 카시데스.

네, 아이스크림은 유지방 성분은 18% 이상을 얼려 만든 과자입니다.

04. 冷菓子(Glass)の 種類は 何が ありますか?

레이키시노 슈루이와 나니가 아리마스카?

얼음과자(Glass)의 종류는 무엇이 있습니까?

はい、冷菓子の 種類は アイスクリーム、シャーベット、パルベ、アイスフルーツ、氷の 粒が あります。

하이, 레이카시노 슈루이와 아이스쿠리-무, 샤-벳토, 파루베, 아이스후루-쯔, 코오리노 쯔부가 아리마스.

네, 얼음과자의 종류는 아이스크림, 셔벗, 파르베, 얼린 과일, 얼음 알맹이가 있습니다.

冷菓子の 種類
레이카시노 슈루이

얼음과자의 종류

アイスクリーム 아이스크리-무	シャーベット 샤-벳토	パルベ 파르베	アイスフルーツ 아이스후루-쯔	氷の 粒 코오리노 쯔부
아이스크림	셔벗	파르페	아이스과일	얼음 알맹이

05. アイスクリームの 製造 時の 注意事項は 何が ありますか?

아이스쿠리-무노 세이조우지노 쥬우이 지코우와 나니가 아리마스카?

아이스크림의 제조 시 주의사항은 무엇이 있습니까?

はい、アイスクリームの 製造 時の 注意事項は 細菌の 殺菌、器具 調理場の 殺菌、保存と 材料の 割合です。

하이, 아이스쿠리-무노 세이조우지노 쥬우이 지코우와 사이킨노 삿킨, 키구, 죠우리바노 삿킨, 호존토 자이료우노 와리아이데스.

네, 아이스크림의 제조 시 주의사항은 세균의 살균, 기구 도구, 조리장의 살균, 보존과 재료의 비율입니다.

アイスクリームの 製造 時の 注意事項
아이스쿠리-무노 세이조우지노 쥬우이 지코우

아이스크림의 제조 시 주의 사항

細菌の 殺菌 사이킨노 삿킨	器具の 殺菌 키구노 삿킨	調理場の 殺菌 죠우리바노 삿킨	保存 호존	材料の 割合 자이료우노 와리아이
세균의 살균	기구의 살균	조리장의 살균	보존	재료의 비율

06. バニラ アイス クリーム 配合表
바니라 아이스쿠리-무 하이고우효우

바닐라 아이스크림 배합표

順序 쥰죠 순서	材料 자이료우 재료	配合 比率(%) 하이고우 히리쯔 배합 비율(%)	配合量(g) 하이코우료우 배합량(g)
1	牛乳 규우뉴우 우유	100 햐쿠	100 햐쿠
2	砂糖 사토우 설탕	25 니쥬우고	25 니쥬우고
3	卵黄 란오우 노른자	1.8~2 잇텐하치~니	1.8~2 잇텐하치~니
4	澱粉 덴분 전분	2 니	2 니
5	バニラ 바니라 바닐라	0.5 레이텐 고	0.05 레이텐레이고
6	生クリーム 나마쿠리-무 생크림	27 니쥬우나나	27 니쥬우나나
合計 코우게이 합계	-	155% 햐쿠고쥬우고	155g 햐쿠고쥬우고

07. バニラ アイスクリームを 作る 順序は 何ですか?
바니라 아이스쿠리-무오 쯔쿠루 쥰죠와 난데스카?

바닐라 아이스크림을 만드는 순서는 무엇입니까?

はい、バニラ アイスクリームを 作る 順番は 卵黄の 泡立ち→ 牛乳を煮る → 牛乳を 冷やす→ 混ぜる→ 冷凍です。

하이, 바니라 아이스쿠리-무오 쯔쿠루 쥰방와 란오우노 아와다치→ 규우뉴우오 니루→ 규우뉴우오 히야스 → 마제루→ 레이토우데스.

네, 바닐라 아이스크림을 만드는 순서는 노른자 거품 올리기→ 우유 끓이기→ 우유 식히기→ 혼합하기→ 냉동입니다.

08. シャーベット(Sherbot ソルベ)は 何ですか?

샤-벳토(소루베)와 난데스카?

셔벗(Sherbot 소르베)은 무엇입니까?

はい、シャーベットは 果汁、洋酒、ワイン酒などを 入れ、卵白と ゼラチンを 混ぜた 液体に 凍結させて 作る 氷菓子です。

하이, 샤-벳토와 카쥬우, 요우슈, 와인슈나도우 이레, 란바쿠토 제라친오 마제타 에키타이니 토우케쯔사세 테 쯔쿠루 레이카시데스.

네, 셔벗은 과일즙, 양주, 포도주 술 등을 넣고 흰자와 젤라틴을 잘 섞은 액체로 동결 시켜 만드는 얼음과자입니다.

09. シャーベットの 種類は 何が ありますか?

샤-벳토노 슈루이와 나니가 아리마스카?

셔벗의 종류는 무엇이 있습니까?

はい、シャーベットの 種類は お酒の シャーベット、果物の 絞り汁の シャーベットシャーベット、果物ピューレシャーベット、ワインシャーベッ トが あります。

하이, 샤-벳토노 슈루이와 오사케노 샤-벳토, 쿠다모노노 시보리지루노 샤-벳토, 쿠타모노 퓨-레 샤-벳 토, 와인 샤-벳토가 아리마스.

네, 셔벗의 종류는 술 셔벗, 과일즙 셔벗, 과일 퓨레 셔벗, 와인 셔벗이 있습니다.

シャーベットの 種類
샤-벳토노 슈루이
셔벗의 종류

酒の シャーベット 아이스크리-무	果物の 絞り 汁の シャーベット 쿠다모노노 시보릿 지루노 샤-벳토	ワインの シャーベット 와인노 파르베	アイスフルーツ 아이스후루-쯔	氷の 粒 코오리노 쯔부
아이스크림	과일즙의 셔벗	파르페	아이스 과일	얼음 알맹이

10. シャーベットを 作る 時の 注意事項は 何が ありますか?
샤-벳토오 쯔쿠루 토키노 쥬우이 지코우와 나니가 아리마스카?
셔벗을 만들 때 주의사항은 무엇이 있습니까?

はい、シャーベットを 作る ときの 注意点は 果物の 使用 注意点、シロップの温度、凍結 状態、提供方法が あります。
하이, 샤-벳토오 쯔쿠루 토키노 쥬우이텐와 쿠다모노노 시요우쥬우이텐, 시롯푸노 온도, 토우케쯔 죠우타이, 테이쿄우 호우호우가 아리마스.
네, 셔벗을 만들 때 주의점은 과일의 사용 주의점, 시럽의 온도, 동결상태, 제공방법이 있습니다.

シャーベットを 作る ときの 注意点
샤-벳토오 쯔쿠루 토키노 쥬우이텐
셔벗을 만들 때 주의점

果物 使用 쿠다모노 시요우	シロップ温度 시롯푸 온도	凍結 状態 토우케쯔 죠우타이	提供方法 테이쿄우 호우호우
과일 사용	시럽 온도	동결상태	제공 방법

참 · 고 · 문 · 헌

일본어회화, 신길만, 김영석, 신솔, 백산출판사, 2019.

제과제빵일본어, 신길만, 신솔, 효일출판사, 2020.

일본어 제빵 실무 회화, 신길만, 신솔, 백산출판사, 2021.

외식경영일본어회화, 신길만, 안효주, 신솔, 백산출판사, 2020.

제과실무론, 신길만, 백산출판사, 2003.

제과제빵기능사 실기 및 실무, 김종욱 외 4인, 백산출판사, 2015.

제과이론, 이재진, 김동호, 백산출판사, 2000.

과학의 이론과 실제, 신길만, 백산출판사, 2005.

디저트, 송영광, 신광출판사, 2013.

배우기 쉬운 제과제빵 이론과 실기, 백재은, 주나미, 정희선, 정현아, 교문사, 2018.

레꼴두스의 시크릿 레시피, 정홍연, (주)비앤씨월드, 2012.

디저트플리쯔, 장유정, 프로젝트A, 2019.

디저트, 안호기, 교문사, 2010.

디저트 로드, 이지혜, 시대인, 2016.

프랑스 디저트 수업, 오모리 유키코, 성안북스, 2018.

저자약력

■ **신길만**

현재 김포대학교 호텔조리과 교수로 재직 중이다. 경기대학교 대학원 경영학석사, 조선대학교 일반대학원에서 이학박사 학위를 취득하였다.

초당대학교, 전남도립대학교, 순천대학교, 미국의 캔자스주립대학 연구교수를 역임하였다.

일본에서 다년간 유학하였고, 일본 동경제과학교에서 교직원으로 학생들을 가르치기도 하였다. 이러한 오랜 일본 생활에서 습득한 여러 가지 일본문화와 일본어 회화를 체계적으로 특히 제과제빵 관련 실무를 중심으로 가르치고 있는 중이다. 일본어 제빵 실무 회화, 베이커리 경영론, 제과제빵일본어 등 60여 권의 저서를 집필하였다.

현재는 한국조리학회 부회장, 김포발전연구원장, 김포시 어린이급식관리지원 센터장 등으로 사회활동을 하고 있다.

■ **신 솔**

일본 동경에서 출생하여, 미국 캔자스주 맨해튼고등학교(Manhattan High School), 중국 상해 신중고등학교 등에서 수학하였다.

국립순천대학교 영어교육과, 조리교육과를 졸업하였으며 경희대학원 조리식품외식경영학과를 졸업하여 경영학석사를 취득하였으며, 연구조교로 근무하였다. 현재는 호남대학교에서 박사학위 재학 중이며, KATO 카페를 경영하고 있다.

저자와의
합의하에
인지첩부
생략

일본어 제과 실무 회화

2021년 6월 15일 초판 1쇄 인쇄
2021년 6월 20일 초판 1쇄 발행

지은이 신길만 · 신 솔
펴낸이 진욱상
펴낸곳 (주)백산출판사
교 정 박시내
본문디자인 오행복
표지디자인 오정은

등 록 2017년 5월 29일 제406-2017-000058호
주 소 경기도 파주시 회동길 370(백산빌딩 3층)
전 화 02-914-1621(代)
팩 스 031-955-9911
이메일 edit@ibaeksan.kr
홈페이지 www.ibaeksan.kr

ISBN 979-11-6567-337-6 13730
값 18,000원

• 파본은 구입하신 서점에서 교환해 드립니다.
• 저작권법에 의해 보호를 받는 저작물이므로 무단전재와 복제를 금합니다.
  이를 위반시 5년 이하의 징역 또는 5천만원 이하의 벌금에 처하거나 이를 병과할 수 있습니다.